UN CORPS PUR
L'ESPRIT CLAIR

LE PROGRAMME DE PURIFICATION EFFICACE

L. RON HUBBARD

UN CORPS PUR L'ESPRIT CLAIR

LE PROGRAMME DE PURIFICATION EFFICACE

new·era®
Publications International ApS

UNE PUBLICATION *HUBBARD*M.D.

Publié par
NEW ERAM.D. Publications International ApS
Store Kongensgade 55
1264 Copenhague K
Danemark

Éditeur des livres et des textes de SCIENTOLOGIEM.D.

Traduit de l'americain pour
NEW ERA Publications International ApS

Titre original:
CLEAR BODY, CLEAR MIND
The Effective Purification Program

Ce livre fait partie des travaux de L. Ron Hubbard qui a développé la philosophie religieuse appliquée de *la Scientologie*M.D.. Il est présenté au lecteur comme un compte rendu de ses observations et de ses recherches dans le domaine de la nature humaine et de l'esprit, et non pas comme un exposé dogmatique des prétentions de l'auteur. Il n'y a que le lecteur, de par sa propre détermination, qui puisse réaliser les bienfaits et les buts de la Scientologie.

Le programme de Purification ne peut être interprété comme une recommandation à un traitement médical ou comme médicament, il n'a pas pour fonction de traiter le corps humain et n'a aucune prétention de la sorte. Il n'est fait aucune promesse ni recomendation, sur le plan médical, concernant le programme de Purification et les régimes de vitamines et de minéraux décrits dans ce livre.

Personne ne devrait entreprendre le programme de purification, ou aucun régime, sans avoir au préalable consulté et obtenu l'accord averti d'un médecin diplômé en exercice. L'auteur ne fait aucune promesse ou garantie quant à l'efficacité du programme de Purification.

Imprimé au Danemark par
Special Trykkeriet, Viborg

ISBN: 87-7336-739-7

Note Importante

Pendant la lecture de ce livre, faites très attention de ne jamais aller au-delà d'un mot que vous ne comprenez pas.

La seule et unique raison pour laquelle une personne abandonne l'étude d'un sujet, cesse de comprendre ou se révèle incapable d'apprendre est qu'elle est allée au-delà d'un mot dont elle ne comprenait pas le sens.

C'est APRÈS avoir lu un mot dont on ne connaît pas le sens que la confusion ou l'inaptitude à comprendre ou à étudier s'installent.

Vous est-il déjà arrivé de parvenir au bas d'une page et de vous rendre compte que vous ne vous souveniez plus de ce que vous veniez de lire ? Eh bien, quelque part avant dans cette page, il y a un mot pour lequel vous n'aviez pas de définition ou une définition incorrecte.

Exemple : « On découvrit qu'à la brune, les enfants se calmaient mais que, pendant la journée, ils étaient extrêmement vivants ». Vous voyez ? La phrase vous semble incompréhensible. C'est parce qu'elle contient un mot dont vous ne connaissez pas la définition, le mot *brune*, qui signifie tombée du jour.

Les mots que vous devrez chercher ne sont pas forcément les mots nouveaux ou inhabituels. Parfois, on peut avoir pour des mots courants, une définition incorrecte qui nous met dans la confusion.

Ne pas aller au-delà d'un mot dont on a pas la définition correcte est la clé de tout le sujet de l'étude. Chaque fois que vous avez abandonné un sujet d'étude, c'est que vous n'avez pas défini des mots que vous ne connaissiez pas dans ce sujet.

C'est pourquoi, assurez-vous très, très précisément de ne pas aller au-delà d'un mot que vous ne comprenez pas parfaitement en étudiant ce livre. Si les matériaux deviennent confus ou si vous n'arrivez pas à comprendre un passage de ce livre, c'est parce qu'il y avait précédemment un mot dont le sens vous échappait. N'allez pas plus loin. Revenez en arrière, AVANT le passage où vous avez commencé à éprouver des difficultés. Trouvez le mot que vous ne comprenez pas et clarifiez-le.

Définitions

Afin d'aider le lecteur, certains mots qui pourraient être mal compris, ont fait l'objet de définitions disposées en bas de pages, la première fois où ils apparaissent dans le texte. Les mots ont parfois plusieurs sens. Les définitions incluses au bas des pages ne donnent que la signification se référant au contexte. Les autres définitions du mot peuvent être trouvées dans un dictionnaire.

Un glossaire comprenant toutes les définitions incluses dans les notes au bas des pages est situé à la fin de ce livre.

Avant-Propos

Par John Duff, coauteur de
La Vérité Sur Les Drogues
(The Truth About Drugs)

Nous vivons dans une société assiégée, bombardée par une vague de drogues et de toxines. Aujourd'hui, il n'y a aucune partie de la vie sur cette planète qui ne soit détruite par cet assaut — des hautes couches de la société aux enfants des ghettos, des superpuissances industrielles aux forêts tropicales brésiliennes. Les gros titres crient le nombre d'individus, de familles, d'écoles, de nations, de civilisations entières qui sont rongés par les produits chimiques et les toxines de l'environnement.

À elles seules, les statistiques sur l'utilisation de la drogue sont impressionnantes. La production, la distribution et la consommation de drogues illégales est devenue l'industrie la plus grande et la plus destructrice sur Terre. Les estimations actuelles de la taille de cette industrie varient entre cinq cents milliards et un billion de dollars par an. La chambre de commerce américaine estime que, rien qu'en Amérique, l'utilisation de la drogue et de l'alcool coûte quelques 177 milliards de dollars par an pour le dépistage de la drogue, les campagnes d'éducation du personnel et la perte de productivité.

De nos jours, l'utilisation de la drogue commence à l'école primaire. Le pourcentage de lycéens américains qui l'utilisent a triplé durant la dernière décennie. Aujourd'hui, l'âge moyen où un enfant découvre la drogue est de huit ans. Pratiquement avant qu'il sache faire des additions et des soustractions, il apprend ce que sont la marijuana, le LSD, la cocaïne et les autres drogues de ses aînés. Quand il atteint l'âge de douze ans, il doit prendre la décision d'utiliser ou non les drogues, puisqu'il est pratiquement certain qu'elles lui seront offertes sur le sol même de son école.

Arrivés à la dernière année de lycée, sept étudiants sur dix auront dit « oui » aux drogues. Quatre-vingts pour cent de la population a utilisé de la drogue avant vingt-cinq ans.

Alors que dans les années 1960-1970 la marijuana était la « drogue préférée de la rue », ce sont maintenant la cocaïne et, son cousin qui rend très dépendant, le crack, qui sévissent dans les rues. Chaque jour, cinq mille américains essayent la cocaïne pour la première fois. Chaque année, des milliers de bébés naissent de mères qui se droguent au crack.

Aucun pays n'est à l'abri des ravages des drogues. Même dans le bloc de l'Est, l'utilisation de la drogue est une épidémie reconnue. Un article intitulé « La Drogue Signifie la Mort », paru dans la Pravda, le journal officiel du parti communiste, fait remarquer que l'utilisation de la drogue est un grave problème en Union Soviétique.

Accompagnées d'un commerce plus subtil et plus meurtrier, il y a maintenant de nouvelles drogues. Les soi-disant drogues à la mode sont chimiquement destinées à produire des effets qui altèrent profondément l'esprit et qui restent cependant dans le domaine de la loi sur les produits biochimiques. Certaines de ces drogues à la mode sont des millions de fois plus puissantes que l'héroïne. Une quantité minuscule est capable de tuer cinquante personnes.

Liée à l'escalade de l'utilisation de la drogue, on trouve l'épidémie du crime. Selon le département de la Justice américaine, les États-Unis ont subi une augmentation de 43 pour cent du crime avec violence durant les dix dernières années, augmentation qui coïncide avec l'augmentation de l'utilisation de la drogue. L'utilisation de la drogue coûtant entre cent cinquante et mille dollars par jour, plus de 80 pour cent des toxicomanes se tournent vers le crime. Dans la ville de New-York, les tests de dépistage de drogue se sont révélés positifs pour 86 pour cent des personnes arrêtées pour délit.

Tout le monde n'est pas victime d'une agression liée à la drogue ou ne connaît pas quelqu'un qui se drogue. Mais les abus de l'alcool et de la drogue touchent tout le monde.

La première drogue avec laquelle nos enfants font le plus souvent connaissance, par le biais de leurs parents, est l'alcool. Lors d'études sur les héroïnomanes, ces derniers rapportent que l'alcool est la première drogue qui leur ait fait faire « un voyage ». L'utilisation de l'alcool est fortement renforcée par la publicité, qui vise de plus en plus souvent les jeunes.

Une majorité des adolescents boit couramment de l'alcool lors de soirées et seulement 8 pour cent disent ne pas prendre d'alcool. Plus d'un tiers des alcooliques américains (3,3 millions sur 9 millions) sont en-dessous de l'âge légal de consommation de l'alcool.

L'abus des drogues médicales est un autre problème. Il existe une dichotomie entre l'utilisation « médicale » et « récréative » des drogues, ce dernier emploi étant tout à fait hors la loi. Cependant, cette dichotomie ignore le fait que les « drogues récréatives » ont commencé dans la catégorie « médicale ». La cocaïne est utilisée dans les opérations du nez, la marijuana est considérée comme une cure pour soigner le glaucome, la morphine est un calmant. Il y a en fait un croisement qui masque la distinction.

Aujourd'hui, on donne automatiquement un médicament aux personnes qui ont des problèmes émotionnels — symptôme qui montre à quel point notre société est descendue bien bas. Une fois que l'effet de la drogue est terminé, le problème émotionnel reste, souvent avec les effets secondaires de la drogue elle-même.

Les camisoles chimiques ne résolvent pas le problème. L'abus des drogues médicales peuvent même l'aggraver. Les pilules contre la douleur, les tranquillisants et les autres drogues médicales prescrites par les psychiatres et autres docteurs sont des poisons dont on peut abuser, tout comme pour les autres drogues. Ils peuvent même exploser sans prévenir — comme quand une femme qui prenait la drogue psychiatrique appelée Anafranil a ouvert le feu sur une classe de cours élémentaire, tuant un enfant et en blessant gravement cinq autres.

Et que peut-on dire des effets à long terme de l'utilisation de la drogue ? Ici, l'empoisonnement est encore plus insidieux. Examinons le cas d'un responsable informatique qui réussit et qui approche la quarantaine. Comme beaucoup de ceux de la génération Woodstock, il a pris de la drogue alors qu'il était au lycée, mais il n'a rien pris depuis dix ou douze ans à part un peu d'alcool. Les magazines diététiques et de santé l'ont convaincu que s'exercer dans un club de sport était une meilleure occupation pour ses vendredis et samedis soirs.

Mis à part les taxes qui puisent dans son portefeuille, le « problème de la drogue » ne le touche pas vraiment. Mais est-ce vraiment le cas ?

Il a parfois du mal à se concentrer. Après une journée de dix heures, réussir à lire un journal professionnel est une tâche herculéenne; il n'a plus d'énergie que pour la vidéo. De temps en temps, sa mémoire n'est pas aussi vive qu'il le souhaiterait. À sa quinzième réunion d'anciens, il n'a pas pu se rappeler le nom de sa première petite amie. Il est moins agile sur le court de tennis.

L'âge ? Mais cela n'explique pas la diminution de ses capacités mentales et le sentiment qu'il n'est plus aussi vif qu'il se souvient l'avoir été au lycée. En fait, quand il y pense, il peut probablement percevoir le léger mais néanmoins agaçant sentiment d'avoir la gueule de bois. S'il venait à se concentrer pour se rappeler ses impressions, il pourrait s'apercevoir qu'il a commencé à avoir des problèmes dans ses études, au lycée, juste après avoir commencé à prendre des drogues. Ou après une opération qu'il a dû subir suite à une blessure reçue en jouant au football, et les calmants...

Les effets des drogues qu'il a prises peuvent sembler subtils, mais ils peuvent faire la différence entre l'excellence et la médiocrité voire même l'échec. Pourquoi ? Parce qu'il n'a plus l'acuité mentale et la volonté personnelle pour faire de lui quelqu'un qui réussit toujours. Au lieu de cela, il fait l'expérience d'une légère diminution de ses ambitions, un compromis avec ses facultés et un sentiment d'être un peu moins vivant. Et du fait de ces barrières intangibles, il est moins heureux et a moins de réussite dans l'accomplissement de ses buts.

En fait, il a été empoisonné par les drogues qu'il a prises dans le passé et qui restent logées dans son corps, des années après qu'il ait cessé d'en prendre. Et ce poison travaille d'une manière insidieuse qu'il ne soupçonne même pas.

L'utilisation de l'alcool, des drogues de la rue, médicales et psychiatriques, fait en réalité partie d'un problème bien plus grand : celui de notre société chimiquement orientée. Même si une personne n'utilise pas de drogue ou d'alcool, elle est quotidiennement agressée par des conservateurs dans la nourriture, des produits chimiques dans l'atmosphère, des produits chimiques industriels, des pesticides, des pluies acides et des résidus toxiques, simplement par le fait de vivre sur la planète Terre.

Contre ce genre d'assaut, l'individu semble être sans défense. Il semble qu'il n'y ait rien qu'il puisse faire pour arrêter cette agression contre lui-même et ses enfants.

Ces poisons font beaucoup de victimes dans la vie sur cette planète. La véritable raison d'inquiétude est que le problème continue de s'amplifier. En dépit de la guerre contre les drogues et des prises de drogues, des commissions pour l'environnement et des études universitaires, le problème continue à prendre de l'ampleur.

Tous les jours, il semble qu'on découvre une nouvelle menace à l'environnement.

Tous les jours, un autre enfant meurt d'une dose de crack qu'il a obtenue dans un coin sombre.

Tous les jours, un pilote de ligne met en danger la vie de milliers de personnes parce qu'il est sous l'effet de drogues durant son travail. Ou un adolescent menace de se suicider avec un mélange d'alcool et de pilules.

Et tous les jours, les ressources qui pourraient résoudre le problème, les gens les plus brillants de notre société, sont ainsi insidieusement gâchées.

Des solutions efficaces pour résoudre cette menace montante contre notre survie ne sont pas employées. Le problème continue de s'aggraver.

Jusqu'à l'apparition du programme de Purification développé par L. Ron Hubbard, il n'y avait pas d'espoir. Pour la première fois, ce livre propose une solution réelle et efficace. Prenez le temps de le lire.

John Duff, coauteur avec Gene Chill du livre *La Vérité sur les Drogues*, est un licencié ès lettres, il est diplômé en Santé et Services publics par l'Université de l'état de la Californie. Ses conférences sur les drogues ont été entendues par plus de 150 000 parents, étudiants, professeurs et organisations civiques s'occupant du problème des drogues.

Table des Matières

Introduction

par Megan Shields,
Licenciée en Sciences, Docteur en Médecine

De nos jours, les drogues, les produits chimiques toxiques, les pesticides et d'autres éléments hostiles à la vie se sont infiltrés dans la société dans laquelle nous vivons. À moins de choisir de vivre dans un environnement clos, coupé du reste du monde, il n'y a aucune façon d'éviter l'exposition à ces influences toxiques.

On ne peut pas trop insister sur l'ampleur du problème. On s'est aperçu que les éléments chimiques nocifs aux tissus vivants s'accumulent dans le corps humain. Cela a des conséquences de grande portée : une personne qui a pris des drogues et qui plus tard a arrêté d'en prendre, peut rester sous l'influence d'une drogue, même des années plus tard. Les résidus de pesticides qu'on trouve dans la nourriture s'accumulent dans les tissus graisseux du corps; les ouvriers qui travaillent dans les usines respirent des fumées toxiques issues des procédés de fabrication; les pompiers sont exposés à des fumées de feux qui contiennent parfois des poisons mortels. On peut donner une suite d'exemples sans fin.

Les procédures médicales habituelles ne fournissent pas de solution à ce problème. Divers « traitements » ont été proposés, visant, du point de vue psychiatrique à amener la personne à croire que les problèmes dus aux toxines et qu'elle ressent, sont tous dans son esprit, et à lui administrer des drogues qui suppriment les symptômes qui se manifestent. Ces « traitements » ne font qu'aggraver la situation.

Aucune percée ne fut faite jusqu'à ce que L. Ron Hubbard attaque le problème de front.

Il découvrit que les personnes qui avaient un passé de drogué avaient des réactions qui n'étaient pas du tout optimales dans la vie et moins de succès dans leur travail et dans leurs relations avec les autres. Quand les effets de ces drogues étaient réduits, la capacité des gens à bien survivre était améliorée. À travers les années, M. Hubbard développa diverses méthodes pour obtenir une réduction des effets des drogues.

En 1979, ses recherches culminèrent avec le programme de Purification, ainsi qu'il est décrit dans ce livre. C'est le premier et le seul programme qui, à l'heure actuelle, comme l'ont prouvé les études scientifiques, est capable de réduire la quantité de matières toxiques emmagasinés dans l'organisme, et qui le fait en toute sécurité et sans l'administration d'autres drogues.

L. Ron Hubbard ne prétendait pas à des résultats médicaux dans son travail; son intention était de faire en sorte qu'il soit possible à quelqu'un d'obtenir, dans le futur, une amélioration mentale et spirituelle. Cependant, le programme de Purification a des applications très larges, comme dans toutes découvertes vraiment fondamentales.

Au cours de mon travail, j'ai eu l'opportunité d'observer de première main les résultats du programme de Purification, et je les ai trouvés rien moins que miraculeux. Parmi les personnes à qui j'ai fait faire le programme, il y a des malades qui ressentaient des effets mineurs des résidus toxiques, des personnes qui furent exposées à des produits toxiques, des drogués occasionnels et des drogués de longue date qui utilisaient des drogues dures et dont le corps était ravagé sous l'effet de ces drogues. La dépression, le désespoir et la peur qui accompagnent souvent de tels problèmes étaient aussi présents chez beaucoup de ces patients. Après la terminaison du programme de Purification, ces personnes avaient changé, *physiquement et mentalement.*

Les personnes qui avaient terminé le programme disaient toutes qu'elles sentaient que les produits chimiques qui, auparavant, gâchaient leur vie s'étaient dissipés. Il leur semblait avoir un nouvel espoir pour le futur et elles pouvaient penser plus clairement. Après terminaison du programme, leur vie est maintenant plus heureuse, elles sont en meilleure santé et plus productives.

Depuis la sortie de ce programme en 1979, des dizaines de milliers de personnes l'ont terminé. J'ai eu le privilège de pouvoir utiliser ce programme dans ma pratique, aidant des personnes qui sans cela n'auraient eu aucun espoir, à se remettre de l'effet des drogues et des résidus toxiques. Au vu de la présence croissante des produits chimiques toxiques dans l'industrie, de la prolifération des résidus toxiques, de la pollution et de l'épidémie au niveau de l'utilisation de drogues destructives à tous les niveaux de la société, l'importance du programme de Purification devient immédiatement apparente, non seulement pour la profession médicale mais aussi pour la société dans son ensemble.

Le programme de Purification développé par L. Ron Hubbard est la seule *procédure de son genre et c'est le* seul *programme de désintoxication qui marche vraiment. Ce programme est une des découvertes majeures de notre temps. C'est aussi une des actions les plus vitales qui doit être faite pour sauver une civilisation qui est en train de mourir des effets dévastateurs des drogues et des toxines.*

Megan Shield est Licenciée en Sciences et Docteur en Médecine, elle exerce en tant que médecin à Los Angeles, Californie. Elle a permis la délivrance du programme de Purification de L. Ron Hubbard à plus de trois mille personnes dans l'exercice de ses fonctions. Elle a aussi participé à des études scientifiques indépendantes sur l'efficacité du programme.

Première partie

Le Programme de Purification : Théorie, Principes et Composantes

1

Notre Société Biochimique

1

Notre Société Biochimique

La planète s'est heurtée à un obstacle qui empêche tout progrès social significatif : les drogues et les substances biochimiques.

Celles-ci peuvent plonger les individus dans une condition qui non seulement empêche et détruit leur santé physique mais qui peut aussi empêcher toute amélioration stable du bien-être mental ou spirituel.

Telle est la situation aujourd'hui.

Nous vivons dans une société biochimique.

Bio signifie « vie, qui a trait aux choses vivantes ». (Le mot vient du grec *bios* qui veut dire « vie » ou « façon de vivre »).

Chimique signifie « qui provient de, ou qui est relatif aux produits chimiques ». Et les produits chimiques sont des substances, simples ou complexes, qui constituent les éléments de base de la matière.

Par *biochimique,* on entend « l'interaction des formes de vie et des substances chimiques ».

Substance toxique est un terme qui est utilisé pour décrire les drogues, produits chimiques ou tout autre substance dont on a montré qu'elle empoisonnait ou était néfaste à un organisme. Le mot *toxique* vient du terme grec *toxikon* qui était à l'origine un poison dans lequel la pointe des flèches était trempée.

Le corps humain est fait de certains produits chimiques et de composés chimiques précis, et des processus chimiques complexes se déroulent en permanence en son sein. Certaines substances, telles que la nourriture, l'air et l'eau, sont vitales pour la poursuite de ces processus et pour maintenir le corps en bonne santé. Certaines substances sont relativement neutres quand elles sont ingérées dans le corps, ne provoquant ni bienfait, ni méfait. Les substances *toxiques* sont celles qui perturbent l'équilibre chimique normal du corps ou qui interfèrent avec ses processus chimiques. Certaines d'entre elles peuvent provoquer de grands dégâts, arrêtant ou modifiant des fonctions vitales du corps et rendant le corps malade voire même le tuant.

La *désintoxication* est l'action de retirer un poison ou un effet d'empoisonnement de quelque chose (tel que du corps d'une personne).

L'Abondance des Toxines

Une quantité énorme de livres a été écrite sur le sujet des substances toxiques, de leurs effets connus et des perspectives sur les façons de s'en occuper. Les exemples abondent dans les publications et journaux.

Malheureusement, l'environnement actuel est envahi par ces élements qui attaquent la vie. Les drogues, les déchets radioactifs, les agents polluants et les agents chimiques de divers types font tous partie de ce paysage et, apparemment, sont de plus en plus utilisés au fur et à mesure que le temps passe.

D'après les études, même quelques-uns des produits qui sont mis dans les boîtes de petits pois ou dans les sachets de soupe doivent être considérés comme étant toxiques. Ce sont des conservateurs et leur action est de ralentir la décomposition. Or la digestion et l'action cellulaire sont basées sur la décomposition. En d'autres mots, ces choses peuvent être très bien pour le fabricant, puisqu'elles préservent son produit, *mais* elles pourraient être très mauvaises pour le consommateur. Ce n'est pas que je sois en pleine crise de mode alimentaire et que je sois contre les conservateurs; ce que je veux dire c'est que l'homme est entouré par des toxiques. Ce seul exemple (les conservateurs alimentaires) est un exemple des substances toxiques de la vie de tous les jours.

Et avec les adversaires de certaines nations qui utilisent la toxicomanie à grande échelle pour donner un sentiment de défaitisme, les nations qui font la course à la fabrication et aux tests des armes nucléaires (en augmentant ainsi la quantité de matériaux radioactifs libérés dans l'atmosphère), les anesthésiants et les sédatifs[1] si facilement disponibles et l'utilisation accrue des produits chimiques industriels et agricoles, sans parler des substances développées pour la guerre chimique, nous faisons face à un problème croissant.

Pour parler franc, cette société, à ce jour, est truffée de substances toxiques.

Faire quelques brèves remarques sur ces substances, qui

1. **sédatif :** drogues destinées à amoindrir l'excitation, la nervosité ou l'irritation.

menacent les individus et la société en général, nous aidera à voir plus clairement quelle est la situation d'un point de vue biochimique.

Les Drogues de la Rue[2]

Les recherches ont démontré que l'élément le plus destructeur de notre culture actuelle est la drogue.

L'accélération de l'utilisation généralisée de drogues telles que le LSD[3], l'héroïne[4], la cocaïne[5], l'« angel dust[6] », la marijuana[7] et une longue liste d'autres drogues a énormément contribué à la décadence de la société. Il semble que quelques unes d'entre elles puissent provoquer des lésions nerveuses et cérébrales. La marijuana, par exemple, si prisée par les lycéens, est connue pour être capable de provoquer une atrophie[8] du cerveau. Même des enfants ont été poussés à prendre des drogues. Et des enfants de mères toxicomanes sont nés drogués.

J'ai même découvert qu'il existe une chose telle que la

2. **drogues de la rue :** drogues qui sont vendues et distribuées dans la rue, plutôt que suivant une prescription.

3. **LSD :** abrév. de Lyserg Säure Diethylamid « acide lysergique diéthylamide ». substance hallucinogène tirée d'alcaloïdes présents dans l'ergot de seigle. Produit des hallucinations temporaires et un état de schizophrénie psychotique. Une substance chrystalline solide.

4. **héroïne :** médicament et stupéfiant succédané de la morphine, poudre blanche cristalline, très toxique, employée comme calmant. Du Grec *héros,* sensation et pouvoir euphorique qu'il entraîne.

5. **cocaïne :** alcaloïde extrait du coca utilisé en médecine pour ses propriétés analgésiques et anesthésiques.

6. **angel dust :** argot, anesthésique employé comme tranquilisant pour les animaux. Aussi employé illégalement en tant qu'hallucinogène. Appelé aussi *PCP.*

7. **marijuana :** stupéfiant voisin du chanvre indien. Feuilles et fleurs séchées du chanvre, employées sous forme de cigarette en tant que narcotique ou hallucinogène.

8. **atrophie :** défaut de nutrition d'un organe ou d'un tissu, qui se manifeste par une diminution notable de son volume ou de son poids normal.

« personnalité du drogué ». Elle est créée artificiellement par les drogues. Les drogues sont apparemment capables de changer l'attitude d'une personne en transformant sa personnalité originelle en une personnalité qui nourrit secrètement des animosités et des haines qu'elle ne se permet pas de manifester ouvertement. Bien qu'il existe une possibilité que ce ne soit pas toujours le cas, cela permet d'établir un lien entre les drogues et les difficultés croissantes auxquelles on se heurte avec le crime, la production, l'exécution de programmes et l'effondrement, à notre époque moderne, de la culture sociale et industrielle.

Les effets physiologiques dévastateurs des drogues font souvent l'objet des gros titres des journaux. Qu'elles provoquent aussi un effondrement de la vivacité d'esprit et de l'éthique n'est que trop évident.

Cette situation de la drogue est planétaire. Elle nage dans le sang et la misère humaine.

Mais, pour aussi vicieuses et dommageables qu'elles soient, les drogues de la rue ne sont qu'une partie du problème biochimique.

Les Drogues Médicales et Psychiatriques

Les drogues médicales et plus particulièrement psychiatriques (Valium[9], Librium[10] et LSD pour n'en nommer que quelques-unes) peuvent être tout aussi dommageables que les

9. **Valium :** marque de fabrique d'une drogue appelée diazepam. Tranquillisant qui détend les muscles et empêche ou arrête les convulsions. Il est prescrit fréquemment par les médecins ou les psychiatres pour « soulager » de l'anxiété ou de la tension.

10. **Librium :** marque de fabrique d'une drogue tranquillisante employée par la psychiatrie pour tenter de supprimer les symptômes de l'anxiété.

drogues de la rue. La prédominance de celles-ci dans l'utilisation courante serait assez surprenante pour quelqu'un qui ne connait pas le problème.

Le Phénobarbital[11] (sous différents noms de marques tels que Luminal et Nembutal) et les autres drogues du même genre sont souvent administrées comme si elles étaient la panacée[12] à toutes les maladies. Dès 1951, tant de personnes étaient habituées à leur dose quotidienne de somnifères ou de tranquillisants[13] qu'elles ne considéraient pas que leurs pilules étaient de la drogue. Plus récemment, le Valium a pris sa place parmi les tranquillisants si souvent utilisés. Mais cette liste est loin d'être complète.

Trop souvent, l'attitude est « Si je ne peux pas trouver la cause de la douleur, au moins je peux l'atténuer ». Dans le cas d'une maladie mentale, cela deviendrait « S'il ne peut pas me rendre sain d'esprit, il peut au moins me calmer ».

Malheureusement, ce n'est pas une opinion reconnue qu'une personne dont la douleur a été anesthésiée par un sédatif a été elle-même anesthésiée par cette même drogue, et est bien plus proche de la douleur ultime de la mort. Il devrait être évident que les personnes les plus calmes sont les morts.

La Fabrication des Produits de Distribution

Ces dernières années, beaucoup de recherches ont été faites sur le potentiel toxique de beaucoup de substances habituellement utilisées dans les divers procédés de fabrication des

11. **phénobarbital :** poudre blanche cristalline utilisée comme sédatif et hypnotisante.

12. **panacée :** remède universel, unique pour toutes les maladies. Ce qu'on croit capable de guérir tous les maux; formule par laquelle on prétend tout résoudre.

13. **tranquillisant :** drogues ayant un pouvoir sédatif ou calmant sans entraîner le sommeil.

produits commerciaux et dans quelle mesure on les retrouve dans le corps des habitants de cette planète. Dans ce qui suit, on trouvera quelques exemples de ce que ces recherches ont mis en évidence.

Les Produits Chimiques Industriels : Sous ce nom se trouve une grande quantité de produits chimiques qui sont utilisés dans l'industrie. Tous ces produits ne sont pas toxiques, bien sûr. Mais les ouvriers, qui travaillent dans les usines qui produisent des produits tels que les pesticides, les produits pétroliers, les plastiques, les détergents et les produits de nettoyage chimiques, les solvants, les métaux plaqués, les conservateurs, les médicaments, les produits à base d'amiante[14], les fertilisants, certains produits cosmétiques, les parfums, les peintures, les teintures, les équipements électriques ou n'importe quel matériau radioactif, peuvent être exposés, souvent pendant des périodes prolongées, à ces matériaux toxiques. Et bien sûr, le consommateur peut être exposé aux quantités résiduelles de tels produits chimiques quand il les utilise.

Les Produits Chimiques Agricoles : Les pesticides sont les substances toxiques les plus évidentes auxquelles les ouvriers agricoles peuvent être exposés. Ceux-ci incluent les insecticides (produits chimiques destinés à tuer les insectes), les fertilisants artificiels, et les herbicides (produits chimiques qui ont pour but de tuer les plantes indésirables telles que les mauvaises herbes).

Dans la catégorie des herbicides, il y en a certains qui contiennent une substance connue sous le nom de « dioxine », dont on sait qu'elle est fortement toxique, même dans des quantités trop petites pour être détectées dans le corps. (La

14. **amiante :** variété fibreuse d'amphibole; fibres extraites de ce minerai, insensibles à l'action d'un foyer ordinaire, ne fondant qu'au chalumeau. L'amiante ne conduit pas la chaleur ni l'électricité; elle est connue pour provoquer le cancer des poumons quand elle est respirée.

dioxine se trouve dans « l'Agent Orange[15]», un défoliant[16] qui fut utilisé dans la guerre du Vietnam[17]. Ce produit chimique fut l'objet d'une controverse publique lorsqu'il fut découvert que des soldats américains y avaient été exposés, apparemment avec des effets néfastes variés.)

Un contact avec les produits chimiques utilisés dans l'agriculture peut se produire de diverses façons : Le produit chimique peut se trouver sur ou dans la plante et être ainsi absorbé; il peut être porté par le vent et respiré directement par ceux qui vivent ou travaillent dans les zones agricoles; ou il peut même se retrouver dans les réserves d'eau potable.

La Nourriture, les Conservateurs et les Additifs à la Nourriture : Il existe des substances qui sont ajoutées à certains aliments traités commercialement et qui ont pour but « d'améliorer » la couleur ou le goût ou, comme signalé ci-dessus, pour éviter que la nourriture ne pourrisse. Divers édulcorants artificiels, utilisés dans les boissons non alcoolisées de régime et autres produits commerciaux, deviennent aussi plus courants. D'après les recherches sur ces « amplificateurs » et ces « conservateurs », il apparaît qu'un certain nombre d'entre eux sont relativement toxiques, et le sujet des additifs à la nourriture et des conservateurs est devenu un sujet de préoccupation pour beaucoup d'entre nous.

15. **Agent Orange :** un puissant herbicide et défoliant contenant de la dioxine, un produit toxique soupçonné de provoquer de sérieux problèmes de santé, y compris le cancer et des dommages génétiques chez les personnes qui y sont exposées, et aussi des malformations à la naissance; utilisé par les forces armées des USA durant la Guerre du Vietnam pour défolier la jungle (1965-1970). Le nom d'Agent Orange provient de la couleur des rayures qui étaient sur les bidons dans lequel il était stocké.

16. **défoliant :** un produit chimique employé pour détruire ou provoquer en grande quantité la chute des feuilles, comme dans une jungle par exemple, une forêt, etc., utilisé pour démasquer les troupes ou les forces de guérilla de leur cachette.

17. **Vietnam :** une région du Sud Asiatique, divisée entre le Nord Vietnam et le Sud Vietnam durant la Guerre du Vietnam, mais réunifiée de nos jours.

Il existe un autre aspect à ce problème de la nourriture. Les résultats de la recherche indiquent qu'il est possible que les huiles qui ne sont pas de première pression constituent, pour la santé, un risque d'une ampleur insoupçonnée jusqu'alors. Des chercheurs ont établi un lien entre les maladies digestives et musculaires, et même le cancer, et les huiles utilisées pour la cuisson ou le traitement commercial de la nourriture, quand les huiles utilisées ne sont pas fraîches, pures ou quand elles sont rances[18].

Les Parfums et les Produits Odorants : L'utilisation de parfums et de produits odorants dans toutes sortes de produits s'est généralisée ces dernières années. On retrouve un *parfum* dans tous les produits, des vêtements jusqu'au détergent, du ruban adhésif jusqu'au papier d'emballage. Et ce parfum est presque toujours un dérivé chimique peu cher, un extrait de goudron de houille qui coûte probablement environ 30 centimes pour un bidon de cent litres. Les recherches semblent indiquer que ces produits chimiques, qui se trouvent dans le supermarché du coin sous le nom de « parfums », sont en fait toxiques *et* peuvent se retrouver dans la nourriture qui y est vendue. Et quand vous avalez une cuillerée de ce truc, cela n'aide pas la digestion, croyez-moi !

Les Radiations : Vous avez sans aucun doute vu dans des magazines qu'un contact avec les radiations peut se produire suite à une exposition à des tests d'armes nucléaires ou aux particules radioactives qu'elles libèrent dans l'atmosphère, à des déchets nucléaires, ou à des procédés de fabrication qui utilisent des matériaux radioactifs. Il existe aussi d'autres sources d'exposition aux radiations : l'exposition prolongée au soleil, les radiographies dentaires et médicales, les postes de télévision et les écrans d'ordinateurs non protégés en sont quelques-unes.

18. **rance :** ayant un goût ou une odeur ignoble, déplaisant, éventé tel que par décomposition (concernant spécialement les graisses et les huiles).

De récentes recherches ont été faites sur un gaz radioactif naturel appelé le radon. C'est un produit de la décomposition d'un autre élément radioactif, le radium, dont la présence a été établie en de très petites quantités dans le sol et dans de nombreux matériaux de construction tels que le ciment, la brique et le gravier. Apparemment, de petites quantités de radon peuvent s'échapper de la surface de ces matériaux et ainsi être présentes dans l'air et respirées. S'il n'y a pas de ventilation, le taux de radon dans l'air d'un immeuble pourrait atteindre de 50 à 100 fois le niveau existant à l'extérieur de l'immeuble.

Ces facteurs font *tous* partie du problème biochimique.

Chacune de ces substances aurait la capacité de rester dans l'organisme.

Cela amplifie le problème biochimique et présente un obstacle d'importance.

L'endroit où une substance toxique a le plus de chance de se fixer est dans les tissus graisseux. Il a été dit qu'après la trentaine, la capacité du corps à décomposer les graisses diminue. Nous avons ainsi, apparemment, une situation où les substances toxiques se logent dans des tissus graisseux qui ne sont plus décomposés, et où elles peuvent ainsi s'accumuler.

Mon intérêt n'est pas né d'un désir de résoudre les maladies physiques d'un individu, mais de regarder ces vérités plutôt dramatiques à travers ma recherche initiale qui est celle de libérer l'esprit de l'homme, et c'est sur cette route que j'ai rencontré ces barrières qui avaient besoin d'être franchies.

Le programme de Purification est la solution proposée à cette barrière que nous appelons le problème biochimique. On pourrait l'appeler un « programme de désintoxication à long terme ». Bien qu'il s'adresse essentiellement au problème des résidus de drogues qui se logent dans le corps, il est possible qu'il y ait beaucoup de substances toxiques qui s'y accumulent et dont l'élimination soit accélérée par ce programme.

Mon souci, lorsque j'ai développé le programme de Purification, n'a pas été de faire un traitement pour le corps. Mes recherches depuis beaucoup, beaucoup d'années ont été menées en vue de libérer l'homme spirituellement. Ma recherche initiale avait trait à la nature de l'homme et le gros de mon travail s'est toujours adressé à l'homme en tant qu'être spirituel. Quand des barrières à cela se sont dressées, ces barrières ont mérité plus de recherches et de solutions.

Le programme de Purification a été développé pour faire face à une menace grandissante à l'amélioration du bien-être mental et spirituel, et provenant de l'utilisation de plus en plus courante des drogues et des substances biochimiques dans notre culture actuelle.

Ces procédés ne supplantent pas la technologie développée précédemment, utilisée spécialement dans les centres de réhabilitation Narconon[19] contre la drogue, pour aider les personnes qui prennent actuellement de la drogue et qui risquent de ressentir un effet de manque lorsqu'ils arrêteront d'en prendre. Le programme de Purification ne devrait être commencé qu'après que cette technologie ait été appliquée.

19. **Narconon :** un programme de réhabilitation des drogués utilisant la technologie de L. Ron Hubbard. Il fut à l'origine développé dans la Prison d'état de l'Arizona par un détenu qui était lui-même un drogué depuis treize ans. Il mit en pratique les principes de base sur le mental contenus dans les livres de L. Ron Hubbard, et se guérit ainsi complètement et aida vingt autres détenus à en faire autant. *Narconon* signifie *non aux narcotiques,* et il y a à l'heure actuelle des centres Narconon dans plusieurs parties du monde. Dans le programme de Narconon, aucune drogue quelle qu'elle soit, n'est utilisée pour la désaccoutumance, et les effets courants qui sont habituellement rencontrés en se défaisant des drogues, tel que « le manque » sont le plus souvent ignorés.

Aucun produit médical ou drogue n'est utilisé dans le programme de Purification. Les seules doses recommandées sont celles de la nourriture. Aucune recommandation ou prétention médicale n'est faite par ce programme. Sa seule prétention est de permettre une amélioration spirituelle future.

Les données contenues dans ce livre sont un compte-rendu des recherches et des résultats; elles n'ont pas l'intention de constituer une recommandation ou un traitement médical. Toute personne décide de suivre ce programme sous sa propre responsabilité.

Si le programme de Purification peut être utilisé pour sauver ne serait-ce qu'une partie d'une civilisation malade de l'agression des drogues et autres substances toxiques, alors peut-être qu'il y a un espoir pour toute cette civilisation.

2

Le Développement du Programme de Purification

2

Le Développement du Programme de Purification

Qu'est-ce que le programme de Purification ?

Pour parler simplement, c'est un programme qui a été développé pour aider à libérer et expulser du corps l'accumulation de résidus toxiques qui peuvent s'y être logés, tout en reconstruisant les tissus et cellules endommagés.

Quelle est sa genèse[1]?

La Découverte que le LSD Peut se Loger dans l'Organisme

En 1970, en travaillant avec d'anciens drogués, et en faisant une étude de leurs symptômes physiques et habitudes de comportement, je fis une découverte surprenante.

Les personnes qui avaient pris du LSD dans le passé avaient de temps en temps des réactions qui laissaient penser que ces personnes venaient juste d'en reprendre !

1. **genèse** : la naissance, la formation de quelque chose; son commencement; son origine.

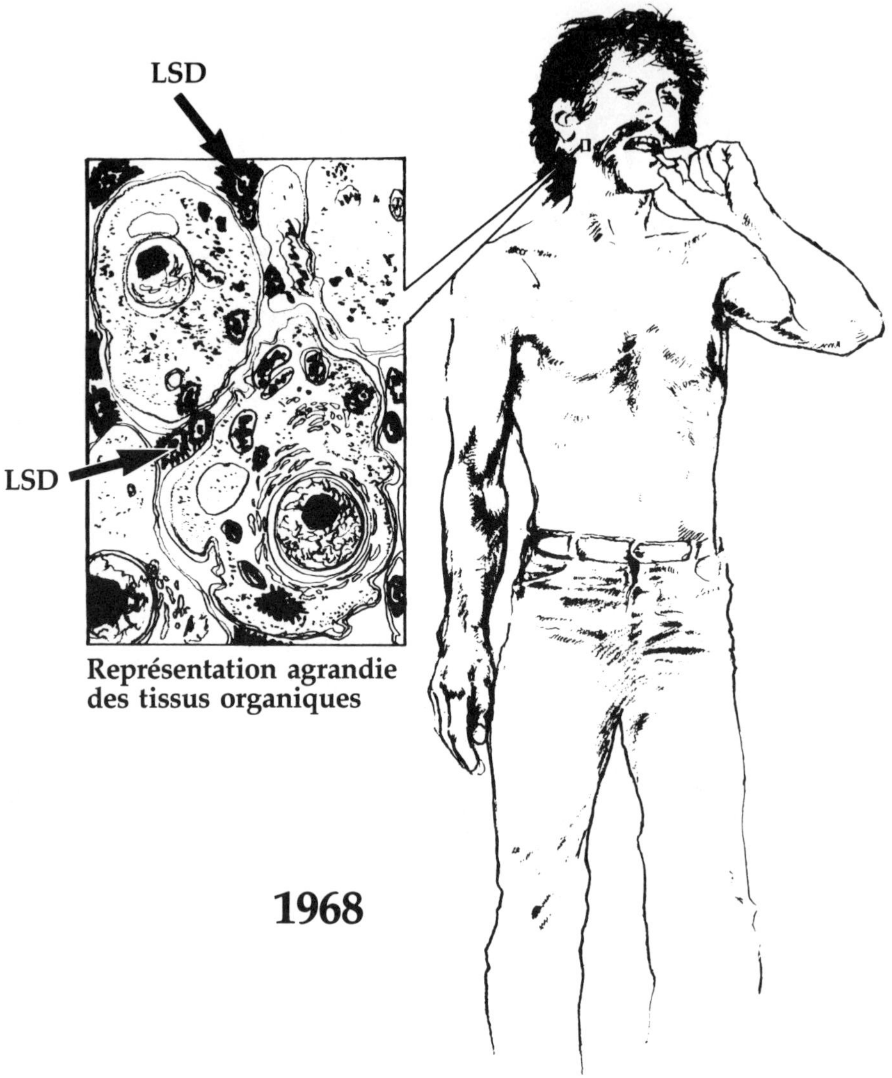

Comme il a été dit qu'il suffit de seulement quelques millionièmes de gramme de LSD pour sombrer dans un voyage dû à cette drogue, et parce que le LSD est, à la base, de la rouille[2] de blé, qui coupe simplement la circulation, ma pensée initiale fut que le LSD devait rester dans le corps.

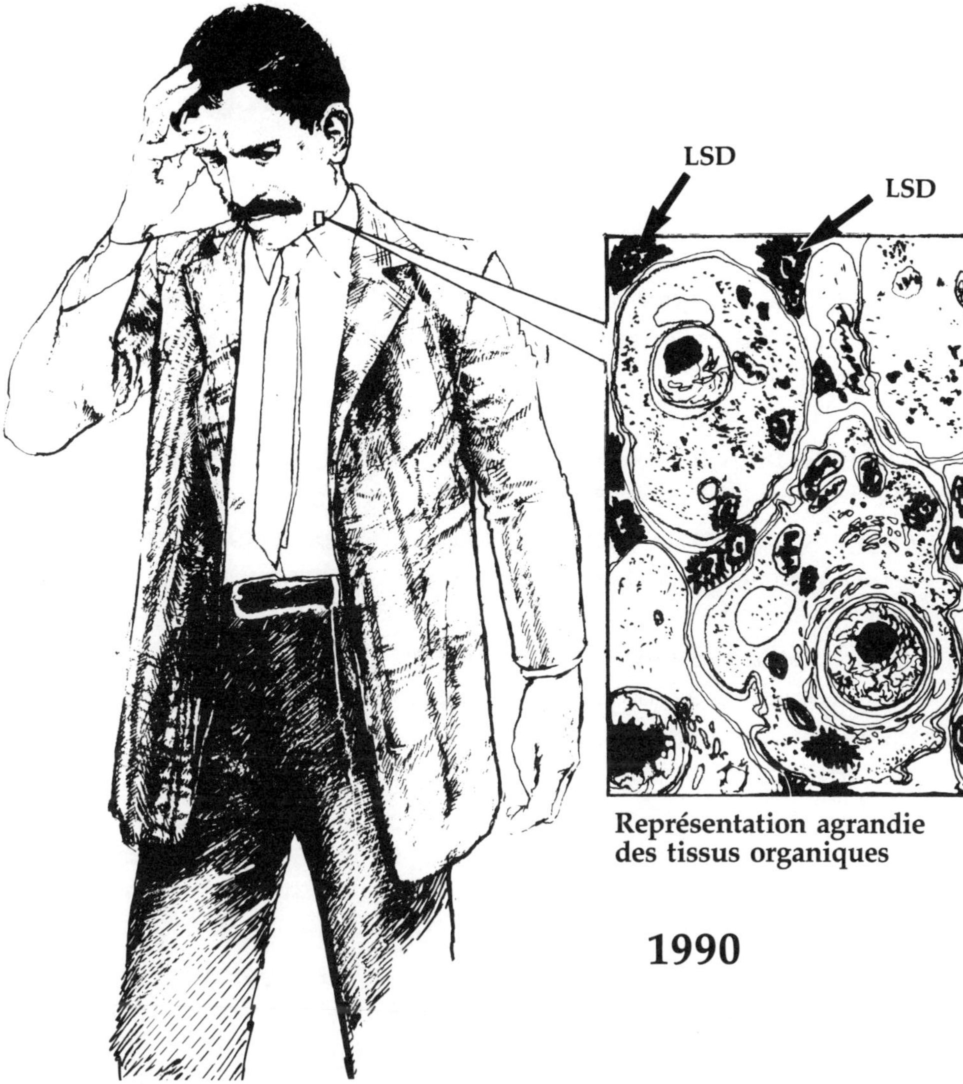

Représentation agrandie des tissus organiques

1990

En d'autres mots :

Le LSD reste apparemment dans le système, se logeant dans les tissus, essentiellement les tissus graisseux du corps, et est capable de redevenir actif - donnant à la personne des « voyages[3]*» imprévisibles - même des années après que la personne ait arrêté de prendre du LSD.*

C'était un phénomène observable - de façon dramatique !

Au vu de cette découverte, était-il alors aussi possible que les résidus des autres drogues se logent dans l'organisme et à un moment recréent des effets similaires, quoique moins dramatiques ?

Et dans ce cas, comment pourrait-on alors jamais rendre les gens libres de l'effet des drogues ? Étaient-ils condamnés à jamais à ressentir l'effet des drogues, au hasard des réactivations de ces résidus ?

Que pouvait-on dire des effets débilitants des résidus de ces drogues ? On savait que les drogues brûlent les réserves de vitamines. Quelles autres conséquences physiques pouvaient avoir la présence cachée de ces résidus de drogues ?

Il n'était pas possible d'ignorer qu'elles soient extrêmement dommageables à l'organisme, même dans un « état de sommeil[4] » — à supposer qu'une telle expression puisse vraiment être utilisée pour une substance toxique.

Et qu'en était-il de l'effet sur la croissance mentale et spirituelle de l'individu ? Car c'était aussi un fait observable qu'on faisait face à des caractéristiques immuables dans un certain nombre de ces cas, même lorsqu'une grande partie du traumatisme mental et spirituel de l'expérience des drogues avait été soulagé. Parmi ces caractéristiques, se trouvaient le sentiment d'être stupide et une difficulté marquée dans la

2. **rouille :** nom générique de maladies des végétaux provoquées par des champignons et caractérisées par des taches semblables à des taches de rouille sur les tiges et les feuilles.

3. **voyages :** l'état particulier qui résulte de l'absorption de substances hallucinogènes par une personne. Expériences ou périodes d'euphorie, hallucination, etc.

4. **sommeil :** dans un état de repos ou d'inactivité; non opérant.

capacité à absorber et comprendre ou retenir et appliquer de nouvelles données - en d'autres termes, une capacité réduite à apprendre ou à changer.

Quelle était la réponse à ces cas ?

Aucune méthode connue n'existait pour débarrasser le corps de ces minuscules dépôts de drogues qui, logés comme ils l'étaient dans l'organisme, n'étaient pas entièrement évacués dans les mécanismes normaux d'élimination.

La réponse n'était manifestement pas d'essayer de prendre de nouvelles drogues ou produits biochimiques qui n'auraient fait qu'aggraver la situation.

Mais pouvait-on créer une méthode pour les déloger et les évacuer, libérant ainsi la personne pour une pleine réhabilitation physique, mentale et spirituelle ?

Le « Programme de Sudation » Originel

En me basant sur le fait que les effets négatifs observés pouvaient être inversés s'il y avait un moyen d'expulser les résidus de LSD de l'organisme, et que la méthode la plus logique pour accomplir cela était de les faire partir par transpiration, j'ai mis au point et annoncé en 1977 un programme appelé « Programme de Sudation ». Utilisée principalement par ceux qui avaient pris beaucoup de drogues, plus particulièrement du LSD, cette procédure a donné des résultats positifs. Avec elle, les preuves de l'évacuation de résidus d'autres drogues de la rue commencèrent à apparaître.

La procédure était cependant un procédé long, prenant des mois avant d'être terminée. Il était nécessaire de la rendre plus efficace et plus rapide.

La Découverte d'Autres Toxines Incrustées

En utilisant des données et des théories qui avaient été éprouvées avec les années, un programme plus général commença à être développé, avec un aspect nutritionnel plus général et plus simple.

Dès le début de la mise en application du programme, un autre facteur émergea, tendant à confirmer les théories sur lesquelles ce nouveau programme s'appuyait : les personnes sur le programme expérimental signalaient l'apparente exsudation de substances autres que les drogues de la rue - substances qui sentaient ou qui donnaient les mêmes sensations que les médicaments, les anesthésiants, les pilules de régime, les conservateurs alimentaires, les pesticides et autres préparations chimiques utilisées habituellement !

La liste ne se limitait pas au LSD, à l'héroïne, à la cocaïne, à la marijuana et à l'« angel dust », mais comprenait aussi beaucoup d'autres substances biochimiques - des drogues médicinales et pharmaceutiques comme l'aspirine ou la codéine[5], des produits chimiques issus de l'industrie et de l'agriculture.

Ces mêmes personnes faisaient aussi l'expérience, à un faible degré, de sensations issues de vieux coups de soleil, de maladies, blessures et autres conditions passées, à la fois physiques et émotionnelles.

Il semblait donc que les résidus de toutes les substances biochimiques hostiles avaient apparemment le potentiel de rester dans l'organisme, piégés dans les tissus et y restant, indétectés, même après qu'ils aient été prétendument éliminés du corps des années plus tôt.

5. **codéine :** un narcotique en provenance de l'opium et ressemblant à la morphine, mais d'une accoutumance moins intense : utilisée pour soulager des douleurs et dans les traitements pour combattre la toux.

Leur accumulation, laissée telle quelle, perturbe probablement l'équilibre biochimique et liquide du corps.

Tel était mon raisonnement initial sur le sujet. Il a maintenant été confirmé par des recherches plus approfondies, avec l'apparition de manifestations physiques de plus en plus nombreuses. (Cela a aussi été confirmé par des tests cliniques et des autopsies[6] médicales qui ont découvert des résidus de certaines drogues logés dans les tissus du corps.)

Les recherches continuèrent et tous les indicateurs tendaient à montrer que ces substances étaient éliminées au fur et à mesure que les personnes avançaient sur le programme. Et ces mêmes personnes signalaient qu'elles ressentaient une nouvelle vigueur, une vitalité et un intérêt dans la vie renouvelés.

Un grand nombre de personnes terminant avec succès le processus, la recherche était terminée.

Le programme de Purification fut publié.

Les Éléments du Programme de Purification

Le programme de Purification est constitué d'un ensemble de choses précises. Il comporte les éléments suivants :

* De l'exercice, effectué en courant, pour stimuler la circulation.

* Des périodes prescrites dans un sauna, qui, accompagnées de certaines vitamines et autres éléments nutritifs, permettent à quelqu'un d'éliminer, par sudation, les toxines qui se sont accumulées.

6. **autopsie :** examen et dissection de toutes les parties du corps après la mort, en vue de déterminer la cause du décès.

* Un programme nutritionnel qui inclut :

La nourriture habituelle de la personne, à laquelle on ajoute beaucoup de légumes verts frais qui ne sont pas cuits à fond.

Un ensemble précis de vitamines, de minéraux et d'huiles à prendre.

Suffisamment de liquide pour compenser la perte de liquide à travers la sudation.

Un horaire personnel bien réglé qui permet à la personne de dormir suffisamment de temps.

Ces actions ne sont pas inhabituelles pour la plupart d'entre nous.

Comment peuvent-elles alors accomplir ce qu'elles semblent faire ? Pourquoi cet ensemble particulier d'actions ? Comment se fait-il que ces éléments, combinés, puissent faire ce qu'aucun d'entre-eux, seul ou dans d'autres combinaisons, n'a jamais pu faire jusqu'à maintenant ?

Bien que les procédures à suivre ne soient pas inhabituelles, les réponses à ces questions résident dans la combinaison exacte des éléments qui composent le programme, dans les propriétés des éléments nutritifs utilisés, les quantités et proportions de ceux-ci étant précises, ainsi que leurs accroissements, ainsi qu'indiqué en détail dans les chapitres suivants de ce livre.

Avertissement

Il y a un avertissement sur lequel il faut insister dans toute présentation de ce programme. Ce sont les actions suivantes, aussi simples et familières que celles-ci puissent sembler :

Elles doivent être suivies avec exactitude pour obtenir les meilleurs résultats possibles.

Du fait de la nature technique du programme et parce que c'est un programme très fatigant, il ne doit être entrepris qu'après un examen médical et avec une approbation écrite d'un médecin averti.

Toute personne ayant un cœur faible ou souffrant d'anémie[7] ou qui souffre de certaines conditions rénales par exemple, ne devrait pas faire ce programme mais aurait besoin d'un programme spécial similaire allégé.

De plus, en faisant ce programme, des personnes ont signalé refaire l'expérience des effets variés de drogues, médicaments, alcools ou autres stimulants ou sédatifs pris dans le passé - y compris des « voyages » complets. Pour cette raison, et pour assurer son succès sur un individu, il est préférable de le faire sous la supervision de personnes entraînées et expérimentées dans sa délivrance.

Et aussi, même sous cette étroite supervision, on ne fait pas ces actions seul, mais on les accomplit toujours accompagné d'un partenaire.

7. **anémie :** une condition par laquelle il se produit une diminution du nombre ou du volume des globules rouges ou de la totalité de l'hémoglobine (qui fait circuler l'oxygène dans les tissus) dans le système sanguin, et se manifestant par la paleur de la peau, une faiblesse généralisée, etc.

3

Le Fonctionnement du Programme de Purification

3

Le Fonctionnement du Programme de Purification

Comment fonctionne le programme de Purification ?

La course est effectuée afin de faire circuler le sang plus profondément dans les tissus où les résidus toxiques sont incrustés et agir ainsi de façon à déloger et libérer les accumulations de dépôts nocifs et à les mettre en mouvement.

Il est donc très important que la course soit immédiatement suivie par de la transpiration dans le sauna, de façon à éliminer les résidus qui se sont accumulés et qui sont maintenant délogés.

La nourriture habituelle, complétée par l'absorption de mégavitamines, de minéraux et de quantités supplémentaires d'huiles, est un facteur vital pour aider le corps à éliminer les toxines et à réparer et reconstruire les zones qui ont été abîmées par les drogues et autres résidus toxiques.

Un horaire régulier, avec suffisamment de repos, est impératif, le corps subissant des changements et des réparations durant le programme.

Ces actions, menées sur la base d'une surveillance très rigoureuse, accomplissent apparemment une désintoxication de tout l'organisme, donnant à l'individu une meilleure santé et une nouvelle vitalité.

On doit avoir une vue plus approfondie et plus complète de l'ensemble du procédé.

Une personne qui a pris des drogues garde des *images mentales* de ces drogues et de leurs effets, en plus des facteurs physiques impliqués. Une image mentale est une image en couleurs et en trois dimensions avec le son, l'odeur et toutes les autres perceptions, ainsi que les conclusions ou spéculations de l'individu. Ce sont des copies mentales de ses perceptions à un moment du passé. Par exemple, une personne qui a pris du LSD garderait une « image » de cette expérience dans son esprit, expérience complète avec l'enregistrement de la vue, des sensations physiques, des odeurs, des sons, etc., qui se sont produits pendant qu'il était sous l'effet du LSD.

Supposons qu'un individu qui a un jour pris du LSD alors qu'il faisait la fête avec des amis et que les sensations comprenaient un sentiment de nausée et de vertige, se disputer avec un ami, ressentir de la tristesse et, plus tard, se sentir fatigué. Il aurait une image mentale de tout cet incident.

Une telle image mentale peut être réactivée par les résidus de drogues, de même que la présence de ces drogues dans les tissus, peut lui redonner les impressions d'expériences de drogues antérieures. On appelle cela une *restimulation :* la réactivation d'une mémoire du passé due à des circonstances similaires du présent approchant celles du passé.

Reprenons l'exemple de la personne qui a pris du LSD, quelques temps plus tard - peut-être des années plus tard - les résidus de la drogue qui sont toujours dans son corps peuvent provoquer une restimulation de cet incident de drogue. Les images mentales sont réactivées et elle ressent les mêmes sensations de nausée, de vertige, de fatigue et elle se sent triste. Elle ne sait pas pourquoi. Elle pourrait aussi percevoir des images mentales des personnes avec qui elle était, avec les visions, les sons et les odeurs correspondants.

Donc, dans le programme de Purification, nous nous occupons de deux choses : un, les drogues et résidus toxiques qui sont restés dans le corps (et les autopsies médicales montrent qu'ils y sont), et, deux, les images mentales des drogues et des expériences ressenties sous l'effet des drogues.

Ces deux facteurs sont en suspens — l'un jouant contre l'autre, en parfait équilibre. Ce que la personne ressent ce sont les deux conditions, l'une d'elle, la présence réelle de résidus de drogues, l'autre, les images mentales qui y sont liées.

La raison probable pour laquelle le programme de Purification fonctionne est qu'il s'occupe de l'un de ces aspects : les résidus toxiques qui se sont accumulés. Il soigne ainsi la personne ce qui a pour conséquence de calmer l'autre aspect du problème : celui des images mentales. C'est aussi simple que cela.

Ce qui se passe, entre autres choses, pendant le programme de Purification, est qu'on détruit cette association. Cette association n'est plus possible et il n'y a alors plus de réactions réciproques. Les résidus chimiques néfastes et restimulants[1] ont été éliminés - ils sont partis. Cela ne signifie pas que les images mentales soient parties. Elles ne sont seulement plus stimulées à nouveau et ne sont pas renforcées par la présence de résidus de drogue.

1. **restimulant** : qui stimule à nouveau.

Images mentales

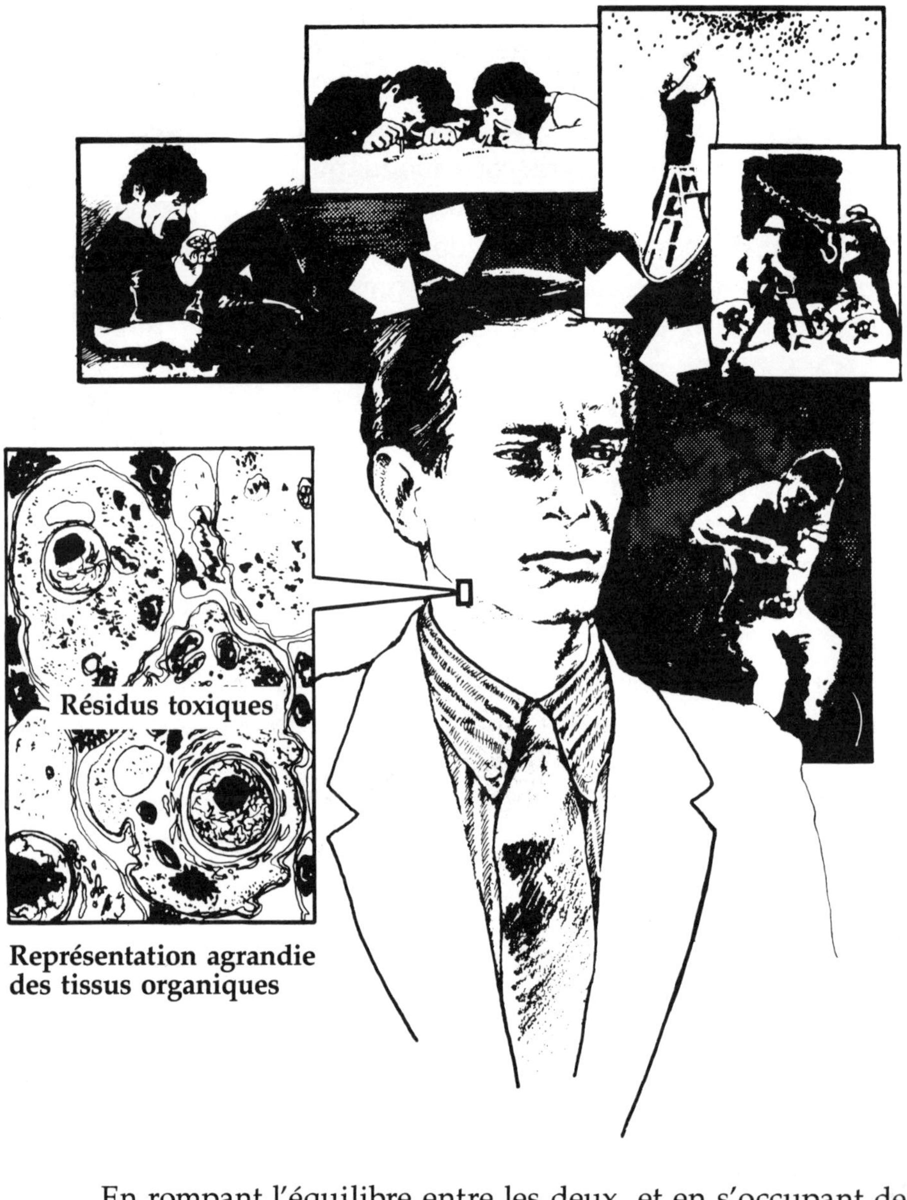

Représentation agrandie des tissus organiques

En rompant l'équilibre entre les deux, et en s'occupant de l'un d'eux avec le programme de Purification, on rend une meilleure santé physique à la personne et on la prépare ainsi à des gains mentaux et spirituels.

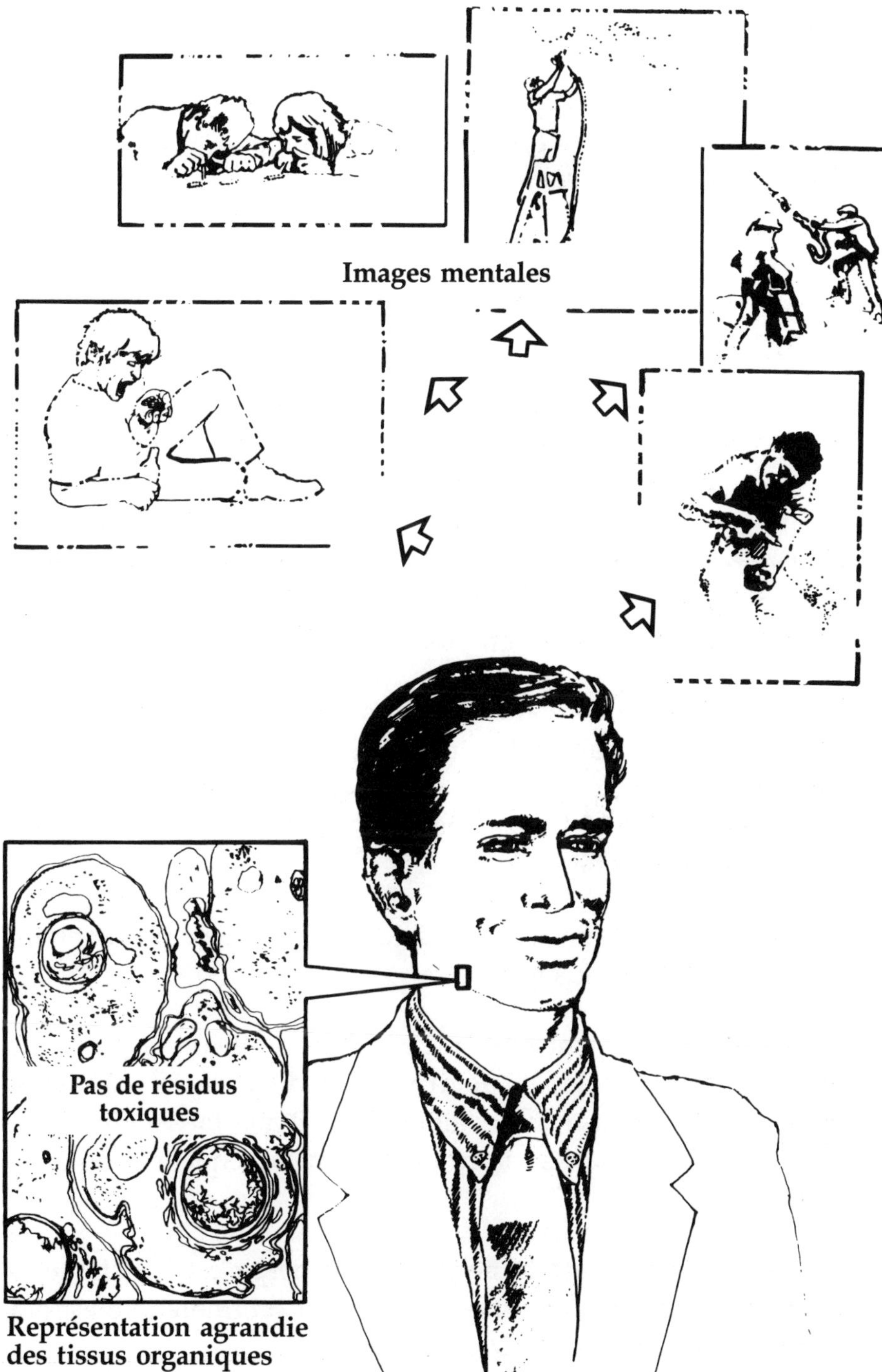
Images mentales
Pas de résidus toxiques
Représentation agrandie des tissus organiques

Un Programme de « Désintoxication à Long Terme »

Les résidus de drogues peuvent stopper toute aide mentale. Ils peuvent aussi tuer une personne ! Bien qu'initialement destiné à résoudre le problème de l'accumulation des drogues dans l'organisme, il apparaît, d'après les résultats constatés et notés ci-dessus que beaucoup d'autres substances toxiques accumulées dans le corps peuvent être éliminées du corps avec ce programme.

Ces substances doivent être éliminées si on veut atteindre une amélioration mentale et spirituelle stable. Nous nous basons sur le fait qu'il n'est pas possible, en présence d'éléments hostiles à la vie, d'amener des améliorations mentales ou même d'entreprendre des actions biophysiques (action biophysique : méthode qui consiste à amener un individu à être en meilleure communication avec son environnement).

Lors de la réhabilitation de l'individu, on ne peut passer à l'action biophysique (améliorer l'aptitude de la personne à gérer son corps et l'environnement) que lorsque le maniement biochimique a été fait. Ce n'est qu'alors qu'on peut espérer une amélioration mentale et spirituelle.

Quand on essaie d'inverser ces deux étapes, on n'obtient pas de résultats à tous les coups.

Le développement d'un programme résolvant le problème des drogues et des dépôts de drogues et de produits chimiques dans le corps fut basé sur le fait qu'une réhabilitation réussie de l'individu ne pouvait se faire que selon la séquence indiquée ci-dessus.

Il est évident que le nettoyage du corps est bénéfique et pourrait, à lui seul, constituer une fin en soi, mais ce n'est pas la motivation originelle du programme.

Au vu de ce qu'il accomplit de manière évidente, le programme de Purification pourrait être qualifié de programme de désintoxication à long terme. Mais il devrait être reconnu pour ce qu'il est et non pas comparé, car c'est un programme unique parmi les programmes de désintoxication aussi bien dans sa procédure que dans les résultats constatés. À ma connaissance, il n'y a pas d'autre méthode connue par laquelle ces accumulations incrustées dans le corps puissent être éliminées.

4

Évacuer les Toxines

4

Évacuer les Toxines

Pour évacuer les drogues et les autres toxines du corps, une combinaison de *course* et de *sauna* est essentielle. Ils sont faits pendant une période de cinq heures par jour, dans les proportions suivantes :

vingt à trente minutes de course pour
quatre heures à quatre heures trente de sauna.

J'insiste sur le rapport de temps car il est préférable de passer la plus grande partie de la période dans le sauna après avoir activé la circulation en courant. En d'autres termes, la période de cinq heures n'est *pas* répartie entre 50 pour cent de course et 50 pour cent de sauna. Le programme donne les meilleurs résultats avec une faible partie du temps passée à courir et la plus grande partie de la période dans le sauna.

Précaution : Avoir un Partenaire

La course et la transpiration devraient *toujours* être faites avec une autre personne, car la restimulation des drogues, des médicaments, des alcools ou même des anesthésiants qui ont été pris dans le passé peuvent se produire, et se produisent, lorsque les toxines sont en cours d'évacuation. Cela inclut les « voyages », dans leur intégralité, provoqués par l'absorption de LSD ou d'autres drogues qu'on peut avoir pris.

Se jumeler avec quelqu'un pendant le programme de telle façon que la course et le sauna soient *toujours* faits avec une seconde personne, voire une troisième, est un facteur de sécurité dans l'éventualité de l'occurence des phénomènes indiqués ci-dessus.

Courir

La première action à faire pendant le programme est de courir. Le but de la course *n'est pas* de provoquer la sudation mais de faire circuler le sang et de faire fonctionner l'organisme de telle façon que les impuretés maintenues dans le corps puissent être libérées puis éliminées.

Courir active la circulation dans le corps et par là-même :

a. permet aux déchets cellulaires d'être évacués plus rapidement, et

b. permet une meilleure circulation dans les muscles et les tissus, les zones inactives peuvent alors se débarrasser des dépôts biochimiques et des cristaux, dans le cas du LSD, qui se sont accumulés.

La course est faite quotidiennement une fois que la personne a commencé le programme.

La course devrait être faite selon un gradient[1]. Si quelqu'un est tellement à bout de souffle qu'il ne peut pas parler à une autre personne pendant la course, c'est qu'il va trop vite, il faudrait donc alors réduire l'allure.

1. **gradient :** une approche graduelle de quelque chose pris étape par étape, niveau par niveau, chaque étape ou niveau étant, par lui-même facilement surmontable, de manière à ce que finalement, des activités tout à fait complexes et ardues puissent être accomplies avec une aisance relative.

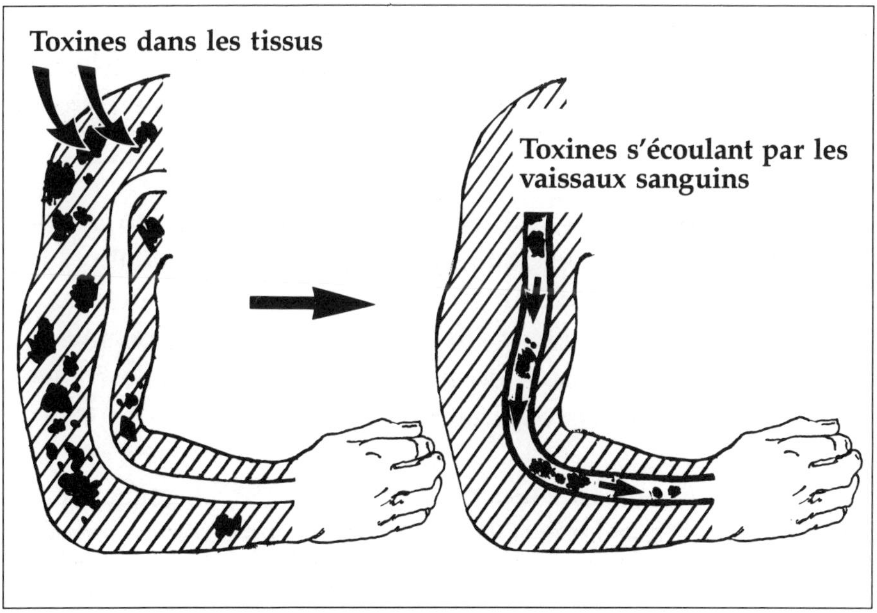
Toxines dans les tissus
Toxines s'écoulant par les vaissaux sanguins

La Transpiration dans le Sauna

La seconde action, faite immédiatement après la course, est la sudation. La personne va dans le sauna immédiatement après la course pour suer. Les impuretés qui ont été délogées par la circulation sanguine accrue peuvent maintenant être éjectées de l'organisme et quitter celui-ci par les pores.

La sudation dans le sauna se fait à des températures variant entre 60 et 80 degrés Celsius. Tout dépend de la température que la personne peut supporter. D'habitude, la personne qui commence le programme se soumettra à une température plus basse et augmentera progressivement la température, au fur et à mesure qu'elle en sera capable.

Les Vêtements

La course est habituellement faite dans une combinaison de sudation. Cela n'est cependant pas obligatoire, en fonction de l'endroit, de la saison ou du temps.

On ne porte qu'un maillot de bain dans le sauna ou une autre tenue légère.

On ne porte *jamais* de combinaison de sudation dans le sauna. La raison en est que la combinaison de sudation agit comme un isolant, de la même façon qu'une combinaison de plongeur isole ce dernier du froid de la mer. Si on portait une combinaison de sudation au sauna, on s'isolerait de la chaleur, ce qui empêcherait et réduirait la transpiration.

Cela peut paraître absurde d'indiquer cela ici, mais l'erreur a été faite (et rapidement corrigée) dans une région, peu de temps après le début de la délivrance du programme de Purification.

Les Liquides

Pendant la durée du programme, il est important de boire beaucoup d'eau, ce qui contribue énormément à irriguer et nettoyer l'organisme. De plus, avec tout ce qui est sué dans le sauna, il serait dangereux de ne pas réapprovisionner le corps en liquides. Une grande quantité d'eau, ou de toute autre boisson non alcoolisée choisie par la personne, devrait être prise tous les jours.

Radiations et Liquides

Les recherches semblent montrer que, pendant le programme de Purification, c'est la transpiration elle-même qui permet la meilleure élimination des radiations.

Les radiations sont apparemment très solubles dans l'eau et peuvent être enlevées avec celle-ci. Selon les chercheurs, il n'y a qu'à arroser la surface d'un bâtiment ou d'une route pour les laver des radiations. Ce fait est bien connu des secouristes entraînés.

Aussi, lorsque quelqu'un fait son programme de Purification, on devrait s'assurer qu'une transpiration réelle et abondante se produit. L'absorption d'eau est donc extrêmement vitale durant le programme de Purification.

Cela a cependant l'effet secondaire de laver l'organisme de beaucoup de minéraux et, probablement, de vitamines. L'absorption de minéraux et de vitamines durant le programme est donc aussi une nécessité.

Il est possible que le programme de Purification ne marche pas aussi bien quand une sudation importante ne se produit pas, quand l'absorption d'eau n'est pas suffisamment importante pour compenser celle perdue à travers la sudation et quand les vitamines et minéraux solubles ne sont pas remplacés soigneusement et de façon adéquate. (Les vitamines habituellement prises pendant le programme de Purification et qui ne sont pas solubles dans l'eau sont les vitamines A[2], D[3] et E[4].)

Cela nous donne trois points importants qui doivent être en place pendant le programme de Purification :

1. Une sudation abondante doit avoir lieu.

2. L'absorption de liquides par une personne doit être suffisamment importante pour remplacer la perte de liquides par sudation.

3. Les vitamines et les minéraux doivent être pris en quantités suffisantes pour remplacer celles éliminées par la sudation.

Comme les dosages de mégavitamines font aussi partie du programme de Purification, ces minéraux et vitamines s'ajoutent à ceux demandés par toute autre thérapie en cours et utilisant des vitamines.

La Chaleur Trop Élevée

Quelqu'un peut avoir trop chaud si les périodes en sauna ne sont pas faites selon le gradient adéquat.

---

2. **vitamine A :** une vitamine importante pour la croissance des os, la santé de la peau, la fonction sexuelle et la reproduction.

3. **vitamine D :** une vitamine qui est importante pour la croissance et la santé des os, dans le métabolisme du calcium, la santé du système nerveux et la régulation des battements du coeur.

4. **vitamine E :** une vitamine importante, qui empêche l'oxygène de se combiner avec les déchets ce qui, autrement, forme les composants toxiques; excellente pour les globules rouges.

Lorqu'une personne ressent trop l'effet de la chaleur ou qu'elle se sent mal ou lorsque la température du corps devient trop élevée, il est recommandé de sortir du sauna et de prendre une douche froide et de retourner ensuite dans le sauna. Les personnes qui ont du mal à passer plusieurs heures consécutives dans le sauna pourront mieux le supporter si elles prennent une douche froide quand cela est nécessaire.

Les Manques de Sel et de Potassium

Il n'est pas obligatoire que quelqu'un prenne du sel (chlorure de sodium) pendant le programme. Du sel et du potassium sont cependant perdus pendant la sudation. Aussi doit-on surveiller les symptômes du manque de sel ou de potassium et y remédier immédiatement s'ils se produisent.

Les symptômes peuvent être similaires à ceux que quelqu'un ressent quand il a trop chaud ou, quand ils sont très marqués, similaires à ceux de l'épuisement dû à la chaleur (peau moite, grande fatigue, faiblesses, maux de têtes et quelques fois crampes, nausées, vertiges, vomissements voire même évanouissements).

De telles manifestations devraient être immédiatement traitées en prenant du sel ou des comprimés de sel, des comprimés de gluconate de potassium, du bioplasma[5] ou un « substitut de sel » qui est essentiellement composé de potassium.

Le sel et le potassium devraient être en permanence à portée de la main de toute personne qui fait le programme de

5. **bioplasma** : un additif diététique pris pour réapprovisionner des stocks de différents sels minéraux qui se trouvent naturellement dans l'organisme.

Purification. Il serait idéal qu'ils se trouvent à proximité du sauna, clairement étiquetés.

Il est évident qu'on peut *éviter* d'avoir trop chaud, ainsi que les manques de sel et de potassium en prenant régulièrement suffisamment de sel, de potassium et de bioplasma pendant qu'on se trouve dans le sauna ou en se rafraîchissant quand cela est nécessaire pendant la période de sauna; c'est une question de bon sens. Quand ces symptômes se produisent, il faut s'en occuper et non pas considérer que c'est quelque chose que la personne doit « traverser ».

Il faut aussi éviter de s'endormir dans le sauna, car une surchauffe ou une perte de sel ou de potassium peut se produire pendant que vous dormez.

Une *condition chronique* de manque de sel ou de potassium doit être traitée de façon séparée par un médecin.

Les Coups de Chaleur[6]

Si la sudation cesse alors qu'on se trouve dans le sauna - le corps arrête brusquement de transpirer et la peau devient chaude et sèche - c'est une indication dont il faut s'occuper immédiatement. C'est un arrêt du corps, une résistance du corps à évacuer l'eau et c'est le premier indicateur d'un coup de chaleur.

Le Manuel personnel d'aide et de premiers secours édité par la Croix-Rouge américaine traite des symptômes de la fatigue due

6. **coup de chaleur :** un trouble des mécanismes de régulation de la température du corps provoqué par une exposition excessive à la chaleur, provoquant de la fièvre, une peau sèche et chaude, et un pouls rapide, accompagné parfois par un delirium et un coma.

à la chaleur et/ou aux coups de chaleur et des soins devant être donnés dans de tels cas.

On ferait immédiatement sortir la personne du sauna et on la rafraîchirait avec une douche ou une éponge d'eau tiède et en refroidissant progressivement l'eau. Des liquides, du sel et du potassium ou du bioplasma seraient donnés à la personne.

Un manuel de premiers secours doit être à portée de la main pour servir de référence, près du sauna.

Sauna Sec et Sauna Humide

Jusqu'ici c'est le sauna sec qui s'est avéré le mieux réussir pour provoquer une sudation importante chez la plupart des gens. Il est possible que certaines personnes suent davantage dans un sauna humide. Peut-être cela depend-il de l'individu. Cela n'a pas encore été entièrement vérifié. Il n'existe aucune règle dans ce programme qui proscrive l'usage du sauna humide. Quel que soit le type de sauna employé, ce qui compte, c'est d'utiliser le système qui permet à la personne de suer le plus possible.

Les bains de vapeur, aux mêmes températures que le sauna, peuvent être utilisés en tant que tels quand ils sont disponibles. Ils poursuivent le même but que le sauna sec et on a émis l'hypothèse que le bain de vapeur pourrait même agir plus vite, mais cela n'a pas été testé et confirmé. Les bains de vapeurs produisent un effet similaire. On peut donc utiliser l'un ou l'autre.

Les mêmes précautions d'utilisation que celles données pour un sauna s'appliquent dans un bain de vapeur.

L'Huile d'Eucalyptus[7]

Une petite quantité d'huile d'eucalyptus est parfois ajoutée à la vapeur dans les bains de vapeur ou utilisée de manière similaire dans certains saunas.

Dans un sauna moderne ou un bain de vapeur moderne, cela consiste simplement à mettre une ou deux mesures d'huile d'eucalyptus dans un seau d'eau situé dans le sauna. Comme elle s'évapore (l'huile s'évapore plus rapidement que l'eau), on peut en rajouter quand cela est nécessaire.

Certaines personnes n'aiment pas l'odeur de l'eucalyptus, alors que d'autres la trouvent agréable. Si le mélange est trop fort, cela peut provoquer des écoulements de larmes ou, dans certains cas, des nausées. Avant de l'utiliser, il faudra donc demander aux autres personnes si elles sont d'accord et si on l'utilise, ce devra être dans des proportions suffisamment faibles.

Utilisée correctement, l'huile d'eucalyptus a la réputation de dégager les poumons et les sinus. Une personne a signalé que sa voix s'était adoucie grâce à l'utilisation de l'huile d'eucalyptus dans le sauna.

Ce n'est pas un point obligatoire du programme de Purification, mais c'est une partie optionnelle et ces données sur l'utilisation de l'huile d'eucalyptus, dans un sauna ou dans un bain de vapeur, devraient être connues.

Que l'eucalyptus soit ou non utilisé, il va sans dire qu'un sauna ou un bain de vapeur doit rester hygiénique et sans odeurs en nettoyant la pièce à la brosse une fois, ou plus, par jour.

---

7. **eucalyptus :** grand arbre exotique originaire d'Australie, à feuilles pointues très odorantes et qui sont à l'origine d'huiles médicinales, et qui a un bois très dur servant dans la construction.

5

L'Importance d'un Horaire Adéquat

5

L'Importance d'un Horaire Adéquat

L'horaire personnel adéquat recommandé lorsqu'on fait le programme de Purification comprend les points suivants :

a. dormir suffisamment chaque jour

b. respecter les temps de course et de sauna recommandés

c. s'en tenir au programme sans sauter de jours ou diminuer la période quotidienne de course et/ou de sauna et sans faire le programme de façon irrégulière.

   De façon idéale, cela veut dire qu'il faut faire la course et le sauna à peu près à la même heure d'un jour sur l'autre et prendre les vitamines et minéraux à la même heure chaque jour, le programme se déroulant alors beaucoup mieux.

Dormir

Comme on s'est aperçu que le sommeil était un facteur extrêmement vital lors du déroulement du programme de Purification, il faut ici insister sur le fait qu'on doit dormir suffisamment durant son déroulement. Les gens se sentent d'autant mieux qu'ils se sont suffisamment reposés.

On considère d'habitude que huit heures de sommeil par jour sont nécessaires. Certaines personnes peuvent avoir besoin de dormir plus longtemps, mais il n'est pas recommandé de dormir moins longtemps que ce dont on a besoin d'habitude.

Il n'est pas inhabituel de ressentir de temps à autres de la fatigue au cours du programme, même lorsque celui-ci est effectué de façon standard. Cela peut se manifester lorsque la personne commence le programme et qu'elle doit s'adapter progressivement à la période quotidienne de cinq heures consacrées à celui-ci. Il peut également s'agir de l'un des effets d'une restimulation occasionnée par les résidus de drogues médicales ou de drogues de la rue ou par une vieille maladie, etc., manifestations que la personne peut rencontrer au cours du programme. On a relevé de nombreux cas de personnes qui connaissaient, lors du programme, de nombreuses périodes de fatigue ou d'épuisement qui apparaissaient puis disparaissaient. Ces fatigues étaient provoquées par des maladies passées et/ou par des médicaments ou des expériences de drogue. Après les avoir surmontées, les personnes se retrouvaient en bien meilleure forme et avec une énergie accrue.

Mais il faut garder à l'esprit que le programme de Purification peut être très fatigant. Tenter de le faire en ayant trop peu dormi constituerait une grave violation des règles le régissant. Il est évident qu'une personne doit dormir suffisamment pour pouvoir faire face aux changements qui se produisent dans son corps et pour pouvoir aider celui-ci lors de la reconstruction des tissus ou des réparations cellulaires qui pourraient être nécessaires. D'après les rapports des Superviseurs des Cas du programme, lorsqu'une personne transgresse cette règle, la personne finit souvent par passer de mauvais moments, alors que cela aurait pu être évité. Mise à part toute fatigue proprement dite, tout ce qui est restimulé par les résidus de drogues peut produire, suite à un manque de sommeil, des réactions inutiles et non optimales.

Il est évident qu'on ne peut pas obtenir tous les gains qui peuvent être tirés du programme de Purification tant que ce point n'est pas en place.

La Durée Optimale Passée Quotidiennement sur le Programme

D'après les nombreuses personnes interrogées et d'après les données des superviseurs du programme, une période de cinq heures par jour consacrée à la course et au sauna est idéale pour la plupart des personnes qui font le programme de Purification. Le programme marche apparemment très bien lorsque la plus grande partie du temps est passée dans le sauna et la plus petite partie est passée à effectuer la course. (Exemple : On s'est aperçu qu'une bonne répartition du temps est de courir pendant 20 à 30 minutes pour activer la circulation, suivi du reste d'une période de cinq heures passée dans le sauna.)

Tout le monde ne fait pas une période de cinq heures dès le début du programme. (Et certaines personnes ont fait avec succès le programme en faisant une période de moins de cinq heures par jour.)

Quand le bon gradient a été appliqué, à la fois pour la course et pour le sauna - surtout au début du programme - ce dernier s'est très bien passé.

L'Influence de l'Âge et de la Condition Physique sur l'Horaire Journalier

L'âge, la forme physique et la vitalité entrent tous en ligne de compte dans l'horaire journalier, ils devraient être pris en compte par chaque personne commençant le programme.

Parmi les nombreuses personnes interrogées, se trouvaient celles qui avaient eu besoin de quelques jours pour atteindre progressivement la période quotidienne de cinq heures. Cependant, une fois ce rythme atteint, il s'est avéré être optimal pour ces personnes, ainsi qu'il l'était pour toutes les personnes qui ont fait ce programme.

De plus, avec un tel horaire, le programme de Purification peut être et est entièrement achevé dans un minimum de temps.

La plupart des personnes ont atteint la période de cinq heures par jour avec impatience et enthousiasme.

On s'est aperçu que certaines personnes zélées avaient tendance à commencer trop vite sur le programme, et cela a été réglé en les amenant progressivement à courir 20 à 30 minutes tout en augmentant progressivement leur temps de sauna pour atteindre la période globale recommandée de cinq heures.

Un Superviseur des Cas du Programme a signalé que certaines personnes restaient trop longtemps dans le sauna sans faire de pause et qu'il en résultait des maux de tête et d'autres réactions qui auraient pu être évitées. Le but du programme n'est pas de voir combien de temps on peut passer dans un sauna - ainsi que cela a dû être clarifié pour plusieurs de ces enthousiastes.

On s'est aperçu que ce qui marchait le mieux pour une personne était de rester dans le sauna pendant quelques temps, en transpirant beaucoup, puis de sortir respirer un peu d'air frais et pour se dégourdir, quand cela était nécessaire. Puis de retourner dans le sauna pour transpirer à nouveau. Le temps passé dans le sauna se passait très bien quand beaucoup de liquides (beaucoup de personnes prennent avec elles une bouteille d'eau dans le sauna) ainsi que des quantités suffisantes de sel, de potassium et de bioplasma étaient absorbées.

Combien de Temps Dure le Programme de Purification ?

Quand toutes les règles et tous les exercices sont faits exactement comme indiqué, le programme peut être effectué entièrement en deux à trois semaines à raison de cinq heures par jour.

Certaines personnes peuvent mettre plus de temps, d'autres moins.

6

L'Alimentation

6

L'Alimentation

L'alimentation joue un rôle vital dans le programme de Purification. Cependant, lorsque nous parlons d'alimentation durant le Programme de Purification, nous ne parlons pas seulement de la nourriture au sens usuel du terme. Nous parlons aussi des vitamines et des minéraux.

Les Habitudes Alimentaires

On n'exige *pas* de « régime » durant le programme.

La personne se contente de manger ce qu'elle mange d'habitude, mais devrait s'assurer de manger des légumes et veiller à ce qu'ils ne soient pas trop cuits, elle devrait aussi prendre, dans les quantités recommandées, les vitamines nécessaires.

Il n'y a ici aucune intention de soumettre les gens à un régime spécial quel qu'il soit. On peut manger ce qu'on veut sans restrictions. Nous n'essayons même pas de prêcher contre les aliments toxiques ou de faire une campagne contre les abus diététiques ou les plats préparés ou quoi que ce soit du même genre.

Nous essayons seulement de remédier à *l'accumulation*

d'impuretés dans l'organisme. Si vous voulez défendre votre corps contre toutes les impuretés futures, il s'agit alors d'un autre programme, qui ne fait pas partie de celui-ci.

Si on soumet une personne à un régime différent de celui dont elle a l'habitude, on introduit un brusque changement parmi tous les autres changements que la personne subit pendant le programme. Un changement de régime pourrait être un changement de trop et serait un additif[1] qui pourrait interférer et avoir une influence sur l'efficacité du programme.

Les Régimes et les Modes Alimentaires

Je ne suis pas quelqu'un qui suit les modes alimentaires et il n'y a aucune idée d'en introduire une durant ce programme. Cependant, notre société en regorge et vous pourriez facilement vous y mettre, et vous devez y faire attention lorsque vous faites le programme de Purification. Nous ne cherchons pas à faire croire aux gens que manger des feuilles de bananiers coupées en forme de diamants ou d'étoiles et bénies par une divinité ou une autre, ou « trois feuilles de laitue entrecroisées avec deux couches de beurre de cacahouètes à manger impérativement dix huit fois par jour », ou quelque chose d'aussi stupide, est « la seule alimentation possible pour une personne. »

L'alimentation peut faire l'objet de bien trop de modes et, pour être franc, les gens n'y connaissent pas grand chose.

1. **additif :** une chose qui a été ajoutée. Généralement avec une notion péjorative dans le fait qu'un *additif* est dit de quelque chose qui est inutile ou préjudiciablement ajouté à la procédure exacte. *Additif* veut généralement dire : écart par rapport à la procédure exacte. Par exemple, quelqu'un fait le programme de Purification, rajoute des exigences relatives à la nutrition ou les modifie par rapport à la procédure de base du programme. Cela signifie que la personne commet une entorse à l'égard de la procédure exacte.

La base d'un régime est de localiser et de remédier aux manques et excès de vitamines, de minéraux, d'enzymes[2], de sucres, de protéines, d'huiles, de corps gras, de glucides, de fibres[3] et tous les autres éléments nutritifs. La réponse n'est pas de prendre ou de ne pas prendre une substance ou une nourriture particulière.

Lorsqu'on fait un régime, on devrait chercher à obtenir un équilibre des éléments qui permettent au corps de fonctionner.

Jeûner, les aliments miracles devant être absorbés à l'exception de toute autre nourriture et les douzaines de modes alimentaires existantes ont plus tendance à faire du mal qu'autre chose.

Mais il existe une énorme différence entre les modes alimentaires et le sujet des régimes. Les régimes ne sont que des instructions sur ce qu'une personne doit se *limiter* à manger; en fait, c'est à partir des éléments nutritifs dont une personne *a besoin* qu'on devrait établir un régime. Ceci est devenu difficile car personne n'a déterminé ce qui compose le régime alimentaire naturel de l'homme.

La Théorie d'un Régime Naturel

La nourriture, le manque de nourriture et une alimentation incorrecte et irrégulière peuvent avoir une grande influence sur la santé.

2. **enzymes :** substances organiques complexes sécrétées par certaines cellules de plantes et animaux qui provoquent un changement chimique dans la substance dans laquelle elles opèrent.

3. **fibre :** la structure des plantes et les produits des plantes qui consistent en hydrates de carbone, complètement ou partiellement indigestes, aidant à entraîner les déchets des produits alimentaires le long des intestins.

L'homme n'est pas fondamentalement un convertisseur d'énergie ou de masse, il dépend d'autres convertisseurs pour effectuer l'assimilation de la plus grande partie des éléments qu'il absorbe. (Mis à part la vitamine D et deux ou trois autres éléments, l'homme ne convertit pas directement l'énergie reçue, ainsi il ne convertit pas la lumière solaire en énergie, mais il obtient et utilise cette énergie en mangeant des algues[4] qui accomplissent cette fonction.)

Aucune étude ou recherche sur le régime naturel de l'homme n'a jamais été faite ou tentée. Toutes les recherches concernant les régimes alimentaires ont été faites avec pour objectif de résoudre les maladies ou de maintenir la bonne santé d'une personne; elles n'ont jamais eu pour but de déterminer quel serait un régime de base pour le corps humain. Les régimes ont été établis à partir des éléments dont on manquait, de ce qui était disponible, de ce qu'on pouvait faire pousser et conserver et de la façon dont on pouvait faire des profits, elles n'ont pas été basées sur la question : « De quoi le corps humain a-t-il besoin ? »

Le corps humain est un moteur biologique carbone-oxygène complexe, fonctionnant à une température de 37 degrés Celsius et qui, grâce à son caractère biologique, a la capacité de s'adapter et de se réparer. Les éléments nécessaires à sa construction et à son fonctionnement s'ajoutent à ses besoins alimentaires.

La plupart des mammifères ont une durée de vie qui est d'environ six fois la durée de leur croissance. La durée de vie d'un homme est seulement de trois fois et un tiers la durée de

4. **algue** : un groupe de plantes, soit unicellulaires ou multicellulaires poussant souvent en colonies. L'algue contient de la chlorophylle (la partie colorée en vert des plantes) et d'autres pigments, mais n'a pas de véritable racine, tige ou feuille. On les trouve dans l'eau et les endroits humides.

sa croissance. Comme les autres mammifères subissent une tension égale ou supérieure à celle de l'homme, et qu'ils ont un régime alimentaire généralement constant et qu'ils sont en bonne santé, on peut supposer que l'homme s'est éloigné de son régime alimentaire naturel.

Quelques tentatives pour trouver un régime naturel ont été faites en examinant les dents, mais cela n'est pas une approche adéquate.

La découverte du régime naturel de l'homme, par opposition à ce qu'il mange, pourrait grandement aider la santé de l'humanité en général.

Les efforts globaux de l'homme liés aux régimes visent les quantités et les profits. Les tentatives pour obtenir la qualité se heurtent souvent à divers intérêts privés qui ont l'idée erronée qu'une meilleure connaissance d'un régime adéquat réduirait les profits. Il est cependant possible qu'une nouvelle découverte en matière d'alimentation puisse améliorer grandement à la fois le potentiel de production et les profits.

Aucune base simple pour la recherche et la découverte du régime naturel de l'homme n'existe de façon formelle. Les étapes nécessaires pour découvrir celui-ci seraient :

a. L'affirmation qu'un tel régime pourrait avoir existé ou a existé.

b. Établir une méthode pour le rechercher et éventuellement le découvrir.

Cette section du livre a effectué le point (a) ci-dessus.

Les points ci-dessous pourraient constituer la méthode permettant de le découvrir :

Excédent de poids : Il est constitué par les résidus de nourriture, de substances ou de gaz qui ne sont pas totalement éliminés ou utilisés par le corps, après ingestion.

Manque de poids ou faiblesse du corps : Il est dû à l'absence de nourriture, de substances ou de gaz ou à l'absorption de nourritures, de substances ou de gaz inadaptés aux activités du corps, ainsi qu'à son entretien et à ses soins.

En faisant une liste de tous les aliments, substances ou gaz qui sont *emmagasinés* dans le corps, on obtiendrait une liste de tout ce qui est ingéré par celui-ci, certains de ces éléments n'étant pas utilisés ou nécessaires. Faire une simple liste des éléments qui font grossir serait une partie de cette action. Un examen des personnes obèses et de leurs diètes donnerait une autre partie de la liste. Un examen approfondi des cadavres de personnes obèses permettrait de compléter la liste. On noterait lesquels de ces éléments seraient le résultat de la conversion de quelle nourriture.

Une étude et une liste de toutes les déficiences alimentaires et des personnes souffrant de malnutrition telles que celles contenues dans le *Guide de la Médecine* de Beeson et McDermott et dans d'autres ouvrages et articles, nous donneraient une liste des éléments vitaux pour l'activité, l'entretien et la réparation du corps.

Les éléments des listes, correspondant aux personnes ayant trop de poids et ceux des personnes souffrant de déficiences nutritives seraient alors comparés.

On cernerait alors ce qui constituerait un régime naturel.

Une recherche des aliments qui ne contiendraient *que* des éléments *utiles* et *vitaux* pourrait alors être entreprise.

Résultat : On pourrait déterminer les aliments de ce qui pourrait être le régime naturel de l'homme.

Un examen de la facilité de production et de distribution de ces aliments pourrait alors conduire à un régime naturel utilisable.

L'application de cette formule dans certaines zones géographiques pourrait amener à prendre en compte les caractères raciaux, le climat et les possibilités de production.

Il a été dit que 80 pour cent des Américains sont trop gros. Leurs activités et leur intelligence diminuent. La population de nombreux pays meurt de faim ou souffre de malnutrition.

Les animaux sauvages, les poissons et les volailles sont de moins en moins capables de nourrir la population de la planète. Ce n'est pas parce que personne ne connaît ce qu'est ou ce que pourrait être la nourriture naturelle de l'homme, toutes opinions et tous goûts confondus, qu'il faut continuer à tuer toute forme de vie sur la planète.

Les modes alimentaires ne devraient pas être la seule source de données sur ce sujet.

Le problème peut, et doit, être résolu intelligemment si nous voulons continuer à vivre sur cette planète.

La planète peut probablement supporter beaucoup plus d'habitants qu'il n'y a en a actuellement. La plus grande partie de sa surface est désertique.

Résoudre ce problème en tuant des populations entières

par la stérilisation ou l'euthanasie[5] est tout simplement inefficace, stupide et inutile.

Il serait beaucoup mieux de trouver le régime naturel de l'homme.

C'est un tout autre sujet de recherches qui pourrait être entrepris par ceux dont c'est le domaine d'activité, mais le fait de découvrir ces éléments de base et de les faire connaître du grand public pourrait se traduire par un programme à l'échelle planétaire qui pourrait, à terme, améliorer les principes de base et l'application du programme de Purification.

En attendant, celui-ci ne comprend pas le moindre mode alimentaire que ce soit.

5. **euthanasie :** théorie selon laquelle il est charitable et légitime de provoquer la mort de malades incurables dont la fin est proche, lorsqu'ils souffrent trop. Cependant sous la pratique de la psychiatrie, l'euthanasie est devenue « l'acte consistant à tuer les personnes considérées comme une charge pour la société ».

7

Les Huiles : Échanger les Mauvaises Graisses contre les Bonnes Graisses

7

Les Huiles : Échanger les Mauvaises Graisses contre les Bonnes Graisses

Les substances toxiques ont tendance à se fixer principalement, mais pas exclusivement, dans les tissus graisseux du corps.

La théorie est qu'on peut remplacer les tissus adipeux[1] qui contiennent ces accumulations de substances toxiques. C'est une théorie de l'échange. Elle est basée sur la théorie et les formules de « Avoir-Gaspiller » datant de mes recherches de 1950, cette théorie est décrite ci-dessous.

La Théorie « Avoir-Gaspiller »

« L'*Avoir* » est un terme qui désigne un principe extrêmement fondamental et qu'on peut voir en action, sous diverses formes, dans le programme de Purification.

L'*Avoir* est déterminé, pour une personne, par ses idées par rapport à la masse. Simplement dit, cela désigne le niveau

1. **adipeux :** qui a les caractères de la graisse; qui constitue la graisse.

expérimenté par une personne par rapport à une masse quelle qu'elle soit. La capacité d'avoir est la capacité d'*avoir* ou de *ne pas avoir* quelque chose, sans qu'une compulsion n'intervienne dans un sens ou dans l'autre.

Un être en bon état devrait pouvoir faire l'expérience de n'importe quoi. Ses expériences passées peuvent l'en empêcher.

Sa capacité d'avoir quelque chose est en fait gouvernée par ses idées sur cette chose. Et ses idées peuvent être influencées par une combinaison de facteurs passés et présents. L'abondance et la rareté sont les facteurs qui influencent de façon majeure ses idées.

Il y a ici une échelle qui intervient et qui a été soumise à de nombreux tests, lors de mes essais avec des personnes au début de mes travaux. Bien que son application soit très générale, la simplicité de cette échelle, ou de cette formule, est simplement la suivante :

Avant qu'un être soit capable « d'*avoir* » quelque chose, il doit d'abord être capable de *s'en débarrasser*.

Si une personne ne peut pas « *avoir* » quelque chose, on peut être sûr qu'elle s'en débarrassera. Et si elle ne peut même pas s'en débarrasser, elle prendra à coup sûr *quelque chose d'autre* pour la remplacer.

Nous utilisons ce principe dans le programme de Purification pour effectuer les échanges nécessaires.

Bien que les recherches et les formules concernant la théorie de « Avoir-Gaspiller » aillent très loin dans les sujets d'être capable d'avoir, d'être capable de ne pas avoir et les autres aspects d'avoir, une prémisse très simple permettant d'expliquer cette théorie existe, c'est la suivante :

Tout ce qui est rare devient important.

Le corps a en fait tendance à conserver ce qui lui manque. Aussi, si vous essayez de l'amener à se débarrasser de quelque chose dont il manque, il aura tendance à résister.

La réponse à cela est de lui donner des quantités supplémentaires de la substance rare pour lui.

Ainsi, pour ce qui est de la graisse, si la personne prend un peu d'huile, le corps pourrait échanger les mauvaises graisses pour de la bonne graisse. C'est la théorie de base.

À ce sujet, je dois beaucoup à un docteur du Portugal qui m'a dit, lors d'une conversation, que, lors d'autopsies, on avait trouvé toute sortes de graisses dans des parties du corps les plus surprenantes. En d'autres mots, le corps peut accumuler une grande quantité de graisse inutilisable.

Le corps va manifestement s'accrocher à beaucoup de graisse et ne voudra pas s'en débarrasser. Le but est d'amener le corps à prendre la bonne huile ou graisse pour remplacer la graisse usée et mauvaise, bourrée de toxines à laquelle il s'accroche. Si on veut que quelqu'un se débarrasse des tissus graisseux du corps, il vaudrait mieux lui donner de la graisse, pour remplacer les tissus graisseux que le corps est en train d'évacuer ou de modifier, pendant le programme de Purification.

De cette façon, il peut être possible d'amener le corps à se débarrasser des tissus graisseux imprégnés de substances toxiques. Nous amenons le corps à échanger de la graisse contre de la graisse.

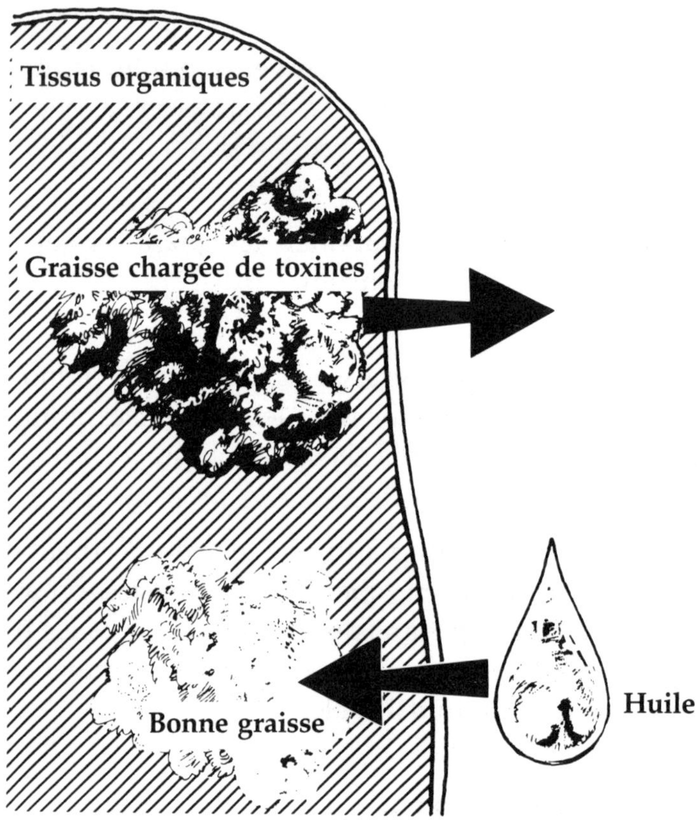

Les Huiles

On devrait utiliser un mélange d'huiles contenant de l'huile de soja, de l'huile de noix, de l'huile d'arachide et de l'huile de tournesol.

Qu'on achète cette huile dans un magasin de diététique ou dans un autre type de magasin, on devrait s'assurer qu'elle est de première pression à froid[2].

Si on ne peut pas se procurer cette huile dans un magasin diététique ou ailleurs, on peut faire un mélange de ces huiles dans les proportions appropriées. Toute huile utilisée doit être pressée à froid et poly-insaturée[3] et doit être gardée au frais de façon à rester fraîche.

L'huile utilisée doit aussi contenir de la lécithine[4]. La lécithine semble être un agent capable de réduire l'huile en de petites particules qui peuvent alors passer facilement dans les tissus. Elle devrait être prise en même temps que l'huile lors du programme de Purification, et peut être trouvée dans la plupart des magasins de diététique sous la forme de granulés. La quantité de lécithine à absorber varie entre une et deux cuillères à soupe par jour, selon la quantité d'huile qu'on prend. Sous la forme de granulés, elle peut être prise mélangée avec un autre aliment tel que du lait, un yaourt ou un jus de fruits.

Combien d'Huile ?

Lors de la mise en place du programme de Purification, la quantité exacte d'huile dont avait besoin la personne chaque jour n'avait pas été déterminée sinon qu'il en fallait probablement entre deux cuillères à soupe et une demi-tasse, en fonction de la personne. Une cuillère à soupe ne fera pas grand–chose,

2. **pressé à froid :** produit par pression uniquement, sans employer la chaleur.

3. **poly-insaturé :** une variété de graisse ou d'huile qui (contrairement à celle d'animal ou de produits laitiers), ne provoque pas de cholestérol (une substance graisseuse qui durcit les artères) dans le sang.

4. **lécithine :** substance organique graisseuse que l'on trouve dans le jaune d'oeuf et qui contient du phosphore (un minerai aidant à fournir de la force aux os et favorisant le métabolisme).

puisque trop peu d'huile ne permettra pas au corps de remplacer la mauvaise graisse par de la bonne. Prendre trop de graisse peut provoquer une diarrhée.

Un médecin qui s'est occupé de beaucoup de personnes sur le programme a signalé que, pour la plupart des personnes qu'il a supervisées sur celui-ci, la quantité d'huile prise le plus souvent se situait entre deux et quatre cuillères à soupe par jour. D'autres, en particulier les personnes faisant plus de cent kilos, avaient besoin de beaucoup plus d'huile.

La recommandation de ce médecin est de réduire la quantité d'huile absorbée si elle apparaît dans des mouvements intestinaux ou lors de la transpiration, car dans ce cas, l'huile en excès n'est pas utilisée mais seulement rejetée.

Une façon de vérifier si une personne prend une quantité d'huile appropriée serait de la peser et de bien surveiller son poids. (Il faudra de toute manière le faire de façon régulière pendant que la personne se trouve sur le programme de Purification). Si la graisse du corps est remplacée, la personne ne prendra pas de poids, malgré l'absorption d'huile. Si le corps se contente d'assimiler l'huile, sans remplacer les tissus adipeux, la personne prendra du poids. Un changement de poids tendrait à indiquer si le corps échange les vieux tissus adipeux contre des nouveaux ou s'il ne fait qu'en ajouter de nouveaux.

L'Huile de Primevère

L'huile de primevère est un extrait d'huile obtenu en moulant les graines de primevère. D'après des chercheurs, elle est censée résoudre diverses allergies alimentaires et elle génère une substance qui permet de dissoudre les tissus graisseux. Elle est disponible dans de nombreux magasins diététiques sous la forme de capsules.

Des expériences pilotes[5] faites sur l'utilisation de l'huile de primevère montrent qu'elle est bénéfique pour les personnes qui ont du mal à assimiler des graisses (ainsi que le montre l'absence de perte de poids lors d'une légère diète) et pour les personnes qui ont pris des drogues dures ou beaucoup d'alcool. Lors de ces expériences pilotes, ces personnes ont pris six capsules (de 500 mg chacune) d'huile de primevère par jour — trois capsules deux fois par jour au moment des repas — en plus des quantités habituelles d'huile demandées par le programme de Purification.

De temps en temps, les personnes ayant du mal à assimiler les graisses semblaient mieux progresser si la quantité d'huile de primevère était poussée jusqu'à neuf ou douze capsules et si la quantité normale d'huile demandée par le programme était réduite d'une cuillère à soupe.

Un médecin a aussi signalé que l'huile de primevère semblait aussi aider les personnes qui avaient du mal à assimiler les quantités d'huiles prescrites par le programme de Purification. Bien que cela ne soit pas fréquent, ce docteur a constaté que quand ces personnes prenaient six capsules d'huile de primevère en sus des quantités normales d'huile, elles arrivaient à assimiler l'huile.

Tous les Corps Contiennent des Tissus Adipeux

Tous les gens, qu'ils soient minces ou gros, ont des tissus graisseux dans le corps. Bien sûr, certaines personnes ont plus de graisse emmagasinée dans le corps que d'autres. Durant ce programme, nous désirons simplement nous débarrasser des tissus graisseux qui contiennent des substances toxiques. Nous n'essayons pas de faire perdre du poids aux gens.

5. **pilote :** des essais ou tests expérimentaux ou préliminaires.

Il serait également bon de signaler ici, et cela concerne particulièrement les personnes minces, que si les substances toxiques se logent principalement dans les tissus graisseux, cela ne veut pas dire qu'une personne n'a pas de dépôt de drogue dans les cellules.

Prendre l'Huile

Certaines personnes ont signalé avoir du mal à prendre l'huile toute seule, généralement plus à cause de sa consistance que de son goût.

Comme il n'y a aucune raison qui empêche de prendre l'huile mélangée avec un jus d'orange ou un autre aliment choisi par la personne, c'est ce qui a été fait par ces personnes. Les résultats étaient satisfaisants, *pourvu* que toute l'huile soit absorbée. Les autres personnes absorbaient simplement l'huile. (Lorsqu'on prend l'huile mélangée avec d'autres aliments, la seule exception est qu'*il ne faut pas* faire cuire la nourriture dans l'huile et considérer ensuite qu'*on a pris* la dose d'huile pour la journée !)

Quand Prendre l'Huile ?

Lors du programme initial, l'huile était prise au cours d'un des repas.

Un médecin a suggéré que l'huile pouvant recouvrir les parois de l'estomac ou de l'intestin pendant un certain temps (ce qui pourrait empêcher l'assimilation des autres aliments, et spécialement les vitamines solubles dans l'eau), il était probablement préférable de prendre l'huile avant de se coucher ou en tout cas, à un repas autre que celui où les vitamines et minéraux sont pris. Cela n'a pas été soumis à un test rigoureux lors du programme et beaucoup de personnes n'ont pas eu de problèmes en prenant l'huile et les vitamines lors du même repas. La suggestion est ici signalée pour être prise en compte au cas où il apparaîtrait que la personne ne retire pas tous les bénéfices attendus des doses de vitamines recommandées.

Une Huile Adéquate Est Essentielle

Une absorption d'huile adéquate est essentielle pour la réussite du programme de Purification. On ne peut pas s'attendre à obtenir les résultats qui peuvent être obtenus avec la procédure de Purification si on omet de prendre suffisamment d'huile.

Et l'huile *doit* être pure et bien rangée, de façon à ce qu'elle ne devienne pas rance.

Les Huiles Peuvent Devenir Rances

Les huiles, telles que celles utilisées dans le programme de Purification, peuvent apparemment devenir rances après un certain temps, elles peuvent aussi le devenir si elles ont été rangées de manière incorrecte ou près d'une source de chaleur.

Cela comprend les mélanges d'huile de soja, d'huile de tournesol, d'huile d'arachide et d'huile de noix, les vitamines A, D et E et l'huile de germe de blé.

D'après un article de recherche en nutrition, les graisses (huiles) rances détruisent des vitamines importantes du corps et ceci peut avoir pour résultat des conditions physiques telles que des articulations, des ligaments ou des muscles gonflés, phénomènes connus sous le nom de « goutte[6] ».

6. **goutte :** maladie aigue, caractérisée par des poussées inflammatoires autour des articulations, avec dépôts d'urates. Due à un excès d'acide urique (substance blanche, sans odeur, qui se trouve dans l'urine), dans le sang.

L'Huile de Germes de Blé

L'Huile de germes de blé en est un exemple. Si vous examinez une bouteille de vitamine E, vous verrez que c'est essentiellement de l'huile de germes de blé. Apparemment, l'huile de germes de blé, après avoir été pressée, deviendra rance au bout d'une semaine. Consommer cette huile après qu'elle soit devenue rance peut provoquer des crampes horribles après un exercice (dans des cas graves, cela pourrait provoquer des crises de goutte).

Une personne prenant de l'huile de germes de blé rance, alors qu'elle se trouve sur le programme de Purification, risque d'attribuer des douleurs musculaires à la course alors qu'elles proviennent de l'huile rance.

Les Huiles Rances

On peut trouver de l'huile rance dans d'autres endroits - telle que celle contenue dans de la mayonnaise qui n'a pas été conservée au froid de manière correcte.

D'après Adelle Davis[6], certains fabricants utilisent même de l'huile rance dans la préparation des margarines, des graisses de cuisine et huiles végétales commerciales hautement raffinées. Elle recommande de n'utiliser que des huiles pressées à froid et non raffinées. De toute façon, même ces huiles doivent être rangées de façon correcte sans quoi elles deviendront rances.

La Conservation des Huiles

Une des raisons pour lesquelles ces huiles deviennent rances est apparemment leur exposition au soleil ou aux radiations.

6. **Davis, Adelle :** Important médecin Américain dans le domaine de la nutrition, auteur de nombreux livres et parmi lesquels, *Let's Eat Right to Keep Fit, Let's Cook It Right, Let's Have Healthy Children* et *Let's Get Well.*

Un responsable du programme de Purification a signalé qu'une bouteille de vitamine E, laissée au soleil, est devenue rance au bout de quelques jours. Et si la bouteille d'huile ou le flacon de capsules d'huile (tels que ceux dans lesquels les vitamines A, D et E sont souvent vendus) est conservé pendant une longue période au lieu d'être utilisé, elle peut devenir rance.

La meilleure chose à faire est de conserver ces huiles dans un réfrigérateur et de les tester de temps en temps, pour s'assurer qu'aucune d'elles n'est devenue rance.

Comment Détecter de l'Huile Rance

La manière la plus simple de dire si une huile est devenue rance est de la sentir. L'huile rance a une odeur particulière - elle n'a pas la même odeur que l'huile fraîche.

Avec une bouteille d'huile telle que celle utilisée lors du programme de Purification (un mélange de quatre huiles), il suffit d'ouvrir la bouteille et de la sentir. Pour les capsules d'huile, telles que les capsules de vitamine E, vous pouvez tout simplement percer un trou dans une capsule et sentir l'huile pour voir si elle est rance.

Autres Possibilités

Les vitamines A, D et E peuvent être obtenues sous la forme de pastilles et il n'y a aucun problème à ce que les personnes faisant le programme de Purification prennent celles-ci, au lieu des capsules d'huile. La dose recommandée ne changera pas.

On a cependant besoin de prendre l'*huile* recommandée (l'huile « all blend » qui est un mélange d'huiles de soja, de noix, d'arachide et de tournesol) sous sa forme d'huile accompagnée de la lécithine. L'absorption d'huile est une partie essentielle du programme de Purification pour effectuer l'échange de graisses.

Le point important, avec les vitamines, est de les protéger du soleil, de la chaleur et de l'oxygène - les flacons de vitamines devraient donc être fermés et rangés dans un réfrigérateur. Il n'y a aucune raison qui empêche de prendre les vitamines A, D et E sous la forme de capsules aussi longtemps qu'elles sont conservées de manière correcte et qu'on ne les laisse pas rancir.

En résumé, certaines huiles sont essentielles pour le programme de Purification, et il est donc vital que certaines précautions soient prises pour s'assurer qu'aucune de ces huiles ne devienne rance.

Cela est fait en :

1. Rangeant correctement les huiles, non seulement les huiles en bouteilles, mais aussi celles qui, telles la vitamine E, se trouvent sous forme de capsules. Les huiles devraient aussi être conservées dans un réfrigérateur, ne pas être laissées au soleil ou près d'une source de chaleur.

2. Vérifiant régulièrement qu'elles ne sont pas devenues rances.

3. Jetant toute huile dont on vient de découvrir qu'elle est devenue rance.

Les résultats de certaines recherches indiquent qu'il est possible que les huiles qui ne sont pas de première pression constituent, pour la santé, un risque d'une ampleur insoupçonnée jusqu'alors. Des chercheurs ont établi un lien entre les maladies digestives et musculaires, et même le cancer, et les huiles utilisées pour la cuisson ou le traitement commercial de la nourriture, quand les huiles utilisées ne sont pas fraîches, pas pures et qu'elles sont rances.

On voit donc l'importance de n'utiliser que des huiles fraîches et qui ne sont pas rances aussi bien dans la vie de tous les jours, que dans le programme de Purification.

8

Calcium et Magnésium : La Formule du « Cal-Mag »

8

Calcium et Magnésium : La Formule du « Cal-Mag »

Bien que le calcium et le magnésium fassent partie des minéraux inclus dans les tablettes utilisées dans le programme, une dose supplémentaire de ces minéraux fait partie intégrante du programme à cause de leur efficacité particulière à aider au maniement des effets des drogues.

Le Calcium : Un Élément de Base

Le calcium constitue une obligation dans toute guérison ou dans tout processus d'échange car c'est un élément de base.

De plus, le calcium a une influence sur le système nerveux.

Je ne connais pas l'entière relation qui existe entre le calcium et les substances toxiques (et apparemment personne d'autre ne la connaît) mais c'est un fait qu'elle existe.

Il semble qu'une carence en calcium prédispose une personne à avoir des spasmes. Les spasmes nerveux se produisent en l'absence de calcium; les spasmes musculaires se produisent quand il y a un manque de calcium. Une personne qui pense avoir une tension élevée ou quelque chose de ce genre ne souffre peut-être que d'une carence de calcium.

Le Calcium et le Magnésium en Tandem[1]

On administrera le calcium en compagnie de magnésium. Le magnésium permet de diminuer les réactions nerveuses; le magnésium lui-même s'est avéré nécessaire pour calmer les nerfs. Le calcium et le magnésium sont tous les deux nécessaires pour éviter d'avoir des douleurs musculaires. Il est cependant préférable de les administrer dans certaines proportions.

Le Calcium a Besoin d'une Base Acide

En associant ces deux minéraux, le principal problème à résoudre en vue d'obtenir un effet positif de l'utilisation du calcium a été celui-ci : Le calcium ne se combine pas dans le corps et n'est pas utilisé à moins qu'il ne soit présenté sous la forme d'un acide. C'est une des particularités du calcium - il lui faut une base acide pour agir.

Or le magnésium est un minéral alcalin[2].

Si l'organisme est trop alcalin, le calcium ne libèrera pas l'ion[3] positif qui lui permet d'opérer dans la structure cellulaire, de traverser les parois sanguines et intestinales et ainsi de suite. En d'autres mots, dans un système alcalin, le calcium est inefficace et inactif. Une solution devait donc être trouvée.

Le Développement de la « Formule du Cal-Mag »

En travaillant sur l'utilisation du calcium et du magnésium, en 1973, dans un secteur de recherche sans rapport avec les drogues, j'ai trouvé une méthode pour infuser du calcium combiné avec du magnésium dans le corps, de façon que leurs effets positifs combinés puissent être ressentis. La solution est d'ajouter du

1. **tandem :** une relation existante entre deux personnes ou deux choses impliquant une action en coopération, une mutuelle dépendance, etc.

2. **alcalin :** de la catégorie, ou comme les substances qui neutralisent et sont neutralisées par les acides, en formant des solutions caustiques, corrosives dans l'eau.

3. **ion :** un atome ou un groupe d'atomes chargés d'électricité formés par la perte ou l'acquisition d'un ou plusieurs électrons. Un ion positif est créé par la perte d'un électron, et un ion négatif est créé par l'acquisition d'un électron.

vinaigre, ce qui permettait d'obtenir la formule à base d'acide dont on avait besoin.

Le résultat fut une solution qui s'avéra être très efficace et qui fut baptisée « Cal-Mag »

Les Quantités Respectives de Calcium et de Magnésium

La proportion qui a fait ses preuves est : une part de magnésium pour deux parts de calcium.

Le Cal-Mag, contenant des quantités précises de ces éléments, les explications sur ces quantités, méritent d'être comprises.

La Cal-Mag est fait en utilisant du gluconate de calcium et du carbonate de magnésium. Chacun de ces deux composés étant fournis sous la forme d'une poudre blanche. Chacun d'eux est un composé de différentes substances. En d'autres mots, le gluconate de calcium contient d'autres substances que le calcium; ce n'est pas du calcium pur mais cela contient seulement un certain pourcentage de calcium. De la même façon, le carbonate de magnésium contient des substances autres que le magnésium et ne contient qu'un certain pourcentage de magnésium.

C'est cependant le rapport des quantités de magnésium et de calcium qui est important dans la préparation du Cal-Mag. Cela ne veut *pas* du tout dire que vous utilisez du magnésium pur ou du calcium pur quand vous préparez le Cal-Mag. Utilisez uniquement du gluconate de calcium et du carbonate de magnésium.

Carbonate de Magnésium : Le composé nécessaire à la préparation du Cal-Mag est appelé carbonate de magnésium et contient 29 pour cent de magnésium. (Ce composé est aussi parfois appelé magnésium alba.)

Il existe différents composés de magnésium ayant des taux de magnésium élémentaire différents, mais utiliser tout autre composé que celui recommandé ici ne permettra pas de respecter le rapport de : une partie de magnésium pour deux parties de calcium, la quantité de magnésium étant alors différente.

C'est le carbonate de magnésium de base et contenant 29 pour cent de magnésium qui est utilisé pour faire le Cal-Mag. Il est aussi essentiel de s'assurer que le carbonate de magnésium de base utilisé est frais et non pas ancien.

Gluconate de calcium : Il existe une seule sorte de gluconate de calcium et il contient 9 pour cent de calcium, il n'y a donc pas de problème de sélection du gluconate de calcium pour la préparation du Cal-Mag.

La Formule du Cal-Mag

La formule du Cal-Mag est redonnée ici sous la forme où elle fut publiée en 1970.

Encore une fois, notez que le rapport de quantités est de une part de magnésium élémentaire pour deux parts de calcium élémentaire. Si vous voulez le calculer de façon précise, vous pouvez utiliser les quantités de chaque élément. Les quantités données dans la formule ci-dessous correspondent aux quantités des composés chimiques.

1. Versez une cuillère à soupe de gluconate de calcium dans un verre de dimensions normales.
2. Ajoutez une demi-cuillère à café de carbonate de magnésium.
3. Ajoutez une cuillère à soupe de vinaigre de cidre (au moins 5 pour cent d'acidité).
4. Mélangez bien.
5. Ajoutez un demi-verre d'eau bouillante et remuez jusqu'à ce que toute la poudre soit dissoute et que le liquide soit clair. (Si cela ne se produit pas, cela peut être dû à un carbonate de magnésium de mauvaise qualité ou trop vieux.)
6. Remplissez le reste du verre avec de l'eau tiède ou froide et couvrez.

La solution restera bonne 2 jours.

GLUCONATE
DE
CALCIUM
1
CARBONATE
DE
MAGNESIUM
2
VINAIGRE
DE
CIDRE
3
4
5
6

Équivalences dans le Système Métrique

Il est possible de donner les quantités de chaque composant d'une autre façon.

Les termes *cuillère à soupe* et *cuillère à café* représentent les mesures de capacités utilisées dans le système anglais de poids et mesures. Ce sont des quantités précises et il ne faut pas les confondre avec les couverts de même nom. (Non seulement ces couverts sont imprécis pour effectuer des mesures, mais en plus leurs capacités sont différentes d'une région du monde à l'autre. Par exemple, la « cuillère à soupe » australienne est deux fois plus grande que la « cuillère à soupe » américaine.)

Pour les régions du monde n'utilisant pas le système anglais des poids et mesures, donner les quantités équivalentes dans le système métrique permettra de répondre à toute question relative aux proportions à utiliser.

Une cuillère à soupe du système anglais des poids et mesures = 15 millilitres (14,8 millilitres exactement) du système métrique.

Une cuillère à café du système anglais des poids et mesures = 5 millilitres (4,9 millilitres exactement) du système métrique.

Ces chiffres peuvent être arrondis car les différences sont suffisamment faibles pour être négligeables, et ils restent dans un rapport correct quand ils sont arrondis.

Exprimée dans le système métrique, la formule du Cal-Mag est la suivante :

1. Versez 15 millilitres de gluconate de calcium dans un verre de dimensions normales.
2. Ajoutez 2,5 millilitres de carbonate de magnésium.
3. Ajoutez 15 millilitres de vinaigre de cidre (au moins 5 pour cent d'acidité).
4. Mélangez bien.
5. Ajoutez un demi-verre (environ 120 millilitres) d'eau bouillante et remuez jusqu'à ce que toute la poudre soit dissoute et que le liquide soit clair. (Si cela ne se produit pas, cela peut être dû à un carbonate de magnésium de mauvaise qualité ou trop vieux.)
6. Remplissez le reste du verre avec de l'eau tiède ou froide et couvrez.

Des cylindres gradués en millilitres sont disponibles chez des fournisseurs de laboratoires, dans des tailles différentes, il est donc possible de prendre des mesures précises qu'on fasse un seul verre ou une quantité plus grande de Cal-Mag.

Important : Faites un Cal-Mag Buvable

Un avertissement s'impose à propos du Cal-Mag. Si vous vous livrez à des variantes de la formule ci-dessus, vous pouvez obtenir un gâchis épouvantable, au goût parfaitement horrible. Il peut être suffisamment mal fait pour ne pas se dissoudre et devenir la chose la plus dégoûtante et la plus abominable qu'on ait jamais administré à quelqu'un. Il est même possible que, préparé incorrectement, il soit inutilisable.

Il faut aussi faire attention à faire le mélange dans les proportions exactes et faire attention lors du dosage, une trop forte dose de magnésium peut provoquer une diarrhée. Cependant, je doute que même trois verres de Cal-Mag bien préparés puissent provoquer cette condition.

Préparé correctement, le Cal-Mag est un liquide très clair, tout à fait agréable à boire et plaisant. Il faut donc suivre les directives très précisément pour produire un Cal-Mag correct, agréable à boire et qui soit bénéfique.

On a constaté que le Cal-Mag contribue également à équilibrer la vitamine B_1[4] utilisée dans le programme; en effet la vitamine B_1 prise sans calcium peut provoquer de sérieux ennuis dentaires en créant un déséquilibre entre les vitamines et les minéraux.

4. **vitamine B_1 :** une vitamine qui est appelée également thiamine, importante pour l'organisme pour les fonctions d'oxydation des cellules (respiration), croissance, hydrate de carbone du métabolisme, stimulation et transmission des impulsions nerveuses, etc.

9

La Niacine, la Vitamine « Intelligente »

9

La Niacine, la Vitamine « Intelligente »

La niacine[1], étant l'un des composés de la vitamine B complexe[2], est essentielle à la nourriture. L'efficacité du programme de Purification est tellement liée à celle-ci qu'il est nécessaire d'en parler plus amplement ici.

Elle peut produire des résultats très surprenants, et finalement très bénéfiques, quand elle est prise de façon adéquate, lors du programme, accompagnée d'autres vitamines et minéraux en doses suffisantes et proportionnelles, parallèlement à une course et une sudation bien suivie.

Ses effets peuvent être assez spectaculaires, aussi doit-on comprendre ce que c'est et ce qu'elle fait avant de commencer le programme de Purification.

La Recherche sur la Niacine et les Radiations

J'ai effectué des recherches en utilisant la niacine en 1950.

1. **niacine :** une substance blanche, sans odeur et cristalline, que l'on trouve dans les protéines des aliments ou qui est préparée synthétiquement. C'est un composant de la vitamine B complexe. Voir également **vitamine B complexe** dans le glossaire.

2. **vitamine B complexe :** un groupe important de vitamines solubles dans l'eau que l'on trouve dans le foie, la levure, etc., comprenant les vitamines B1, B2 et la niacine.

À cette époque, la niacine était appelée acide nicotinique et la dose de départ était de 200 mg (milligrammes).

Les résultats de cette recherche étaient très intéressants. De curieuses manifestations se produisaient quand des personnes en prenaient. Son effet le plus surprenant était de provoquer une rougeur, un coup de soleil sur le corps de la personne, coup de soleil qui avait la forme exacte d'un maillot de bain ! La forme était très nette. On ne pouvait pas confondre le contour du maillot de bain avec autre chose.

Quelle sorte de « vitamine intelligente » était-ce pour provoquer une rougeur exactement semblable à un vieux coup de soleil, et ayant la forme exacte d'un maillot de bain, tout en n'ayant aucun effet sur la surface couverte par un maillot de bain quelques années auparavant ?

Curieusement, les pharmacopées américaines et anglaises signalaient que cette substance, l'acide nicotinique, provoquait des rougeurs et était donc inutilisable à haute dose.

Ce que nous avions trouvé, en 1950, était que si on continuait à donner de la niacine à la personne - dans des quantités que les pharmacopées auraient qualifiées de « hautes doses », la personne finissait par ne plus avoir de réaction de rougeurs.

Les coups de soleil finissaient par disparaître pour une dose de 200 mg, puis ils réapparaissaient avec une dose de 500 mg, mais avec une plus faible intensité. Il y avait une faible réaction pendant plusieurs jours avec une dose de 1000mg, après quoi on donnait une dose de 2000mg sans qu'il n'y ait le moindre effet. La personne se sentait bien, son « coup de soleil » était parti, et elle n'avait plus de rougeurs suite à l'absorption de niacine.

Mais si la niacine était toxique, comment se faisait-il que

les rougeurs en résultant, durent d'autant moins longtemps que la personne en prenait des « doses plus élevées »?

1956 : La Réaction à la Niacine

En 1956, j'ai de nouveau utilisé cette vitamine.

À cette époque, il y avait beaucoup d'essais nucléaires et beaucoup de personnes étaient exposées aux radiations. Nous travaillions avec des personnes qui avaient été soumises à des tests atomiques, des accidents nucléaires et, dans au moins un cas, qui avait travaillé avec des matériaux ayant fait partie d'une ancienne explosion atomique. Nous essayions de sauver ces personnes, en s'occupant des images mentales, du stress et des gênes liés à ces expériences et nous y sommes arrivés.

Mais en 1956 les réactions dues à la niacine étaient différentes de celles obtenues en 1950, les réactions étaient plus violentes.

Les personnes avec lesquelles nous avions travaillé en 1950 avaient seulement refait l'expérience d'anciens coups de soleil. En 1956, les personnes qui participaient au programme de recherche ressentaient non seulement une rougeur, mais aussi des nausées, des irritations de la peau, de l'urticaire, des colites[3] et d'autres manifestations inconfortables, avec la même vitamine et les mêmes quantités que celles utilisées en 1950.

La formule vitaminée *sans* la niacine ne provoquait pas le même effet. Il était donc évident que c'était la niacine qui provoquait ces manifestations intéressantes.

Que se passait-il ?

---

3. **colite :** inflammation du colon (une partie du gros intestin).

Le comportement de la niacine avait été étudié en 1950. Nous savions ce qu'elle ferait par rapport aux coups de soleil : si on continuait à la prendre suffisamment longtemps, les rougeurs dues aux coups de soleil semblaient disparaître.

Pourquoi provoquait-elle des réactions différentes en 1956 ? La niacine, ou acide nicotinique, n'avait pas changé. Les corps que nous testions n'avaient pas changé. Nous avons même fait des essais avec des personnes qui avaient participé au programme de recherche de 1950, et elles avaient maintenant des réactions différentes à la niacine. Et que pouvait-on dire de cette personne qui avait, en 1950, déchargé tous ses coups de soleil avec la niacine et qui maintenant, en reprenant de la niacine en 1956, avait tout un tas de nouvelles réactions ? N'était-il pas intéressant que, six années plus tard, la même vitamine, la niacine, provoque des manifestations aussi différentes ?

La *similitude* résidait dans le fait que, si on continuait les doses de niacine suffisamment longtemps, ces nouvelles manifestations se déchargeaient et disparaissaient aussi.

Les auteurs de pharmacopées ou les biochimistes peuvent continuer de penser que la niacine provoque des rougeurs et qu'elle continuera à provoquer des rougeurs à « hautes doses ».

Mais ce qui est intéressant est qu'il y a un point où elle ne provoque pas de rougeurs. Cela ne se produit pas par accoutumance du corps; ce n'est pas ce qui se passe. Elle fait partir quelque chose.

Que fait-elle disparaître ? Nous savions, d'après les expériences de 1950, qu'elle éliminait les coups de soleil, qui sont des brûlures dues aux radiations. Or, en 1956, les symptômes que manifestaient les personnes participant au programme de recherche - les nausées, les vomissements, les irritations de la peau, les colites et les saignements de nez qui accompagnent le mal des radiations - se déchargaient aussi grâce à l'administration de niacine.

En 1956, la niacine ne faisait pas seulement disparaître les coups de soleil. Elle faisait disparaître quelque chose qui était exactement semblable au mal des radiations.

La niacine semble donc avoir un effet catalytique[4] pour faire disparaître l'effet de l'exposition aux radiations. Elle semble les bousculer et les faire partir.

Cela provoquera souvent des rougeurs et des picotements très vifs, des démangeaisons de la peau qui peuvent durer une heure ou même davantage. Cela pourra entraîner des frissons ou une sensation de fatigue.

Les médecins ont pensé à tort que la niacine elle-même provoquait les rougeurs. Un produit appelé « niacinamide » fut donc inventé pour éviter ces rougeurs. La niacine, à elle seule, ne provoque pas ces rougeurs. Elle a pour effet immédiat de faire partir les coups de soleil et les radiations. Donc, la niacinamide qui fut inventée n'a aucune valeur (en tout cas pas pour une utilisation dans le programme de Purification).

Pendant le programme de Purification, il est possible que les quantités de niacine absorbées et la chaleur du sauna aient pour effet de faire partir une partie des radiations, peut-être pas toutes, qui se sont accumulées à l'intérieur du corps de la personne.

Libérer les Drogues et les Toxines

Quand elle est prise en quantité suffisante, la niacine semble décomposer et libérer le LSD, la marijuana et les autres

4. **catalytique** : qualité d'une substance qui change, accélère, ou fait démarrer un processus chimique.

drogues et poisons des tissus et des cellules. Elle peut rapidement libérer les cristaux de LSD dans l'organisme et plonger la personne qui a pris du LSD dans un « voyage ». (Un gars, qui avait suivi l'ancien Programme de Sudation pendant plusieurs mois et qui croyait ne plus avoir de LSD dans l'organisme, prit 100 milligrammes de niacine et fut immédiatement en proie à une restimulation d'une expérience complète de LSD.)

La course et la sudation doivent être pratiquées en conjonction avec la prise de niacine afin de s'assurer que les substances toxiques qu'elle libère soient vraiment expulsées du corps.

Récemment, des docteurs effectuant des recherches ont administré de la niacine pour amener des malades à traverser les périodes de manque ou les expériences de drogues sévères. Ils ont utilisé des doses de niacine énormes, par exemple 5000 mg.

Il n'est, à ma connaissance, pas nécessaire d'utiliser des doses aussi énormes pour manier les drogues, bien que cela puisse être nécessaire dans certains cas. Il est tout à fait possible qu'avec la combinaison des éléments du programme de Purification, beaucoup de personnes pourront manier les drogues avec des quantités moindres de niacine, des quantités inférieures à 5000mg.

La Théorie de la Niacine : L'Élimination des Anciennes Carences

En théorie, la niacine ne produit apparemment rien par elle-même. Il y a simplement interaction entre la niacine et une carence en niacine qui existe déjà au niveau cellulaire. Elle ne provoque pas d'allergie, elle les élimine. De toute évidence, tout ce que la niacine fait n'est rien d'autre que le résultat de l'élimination de carences passées.

Mise en garde : Les effets provoqués par la niacine peuvent être assez terrifiants. L'expérience m'a montré que quelques-unes des manifestations et des somatiques qui risquent d'apparaître ne sont pas de simples somatiques, dans bien des cas. J'ai vu un cancer de la peau se déclarer dans toute son ampleur, puis disparaître grâce à la niacine. Il est donc possible qu'une personne ait un cancer de la peau qui apparaisse avec la niacine et, si cela se produit, il faut continuer d'administrer la niacine jusqu'à ce que le cancer ait complètement disparu, ainsi qu'on a déjà pu le constater.

Les autres manifestations, plus légères, qui peuvent apparaître avec la niacine sont l'urticaire[5], des symptômes de grippe, des gastro-entérites[6], des os douloureux, un estomac barbouillé ou une sensation de peur ou de terreur. Il ne semble pas y avoir de limite à la diversité des phénomènes qui se produisent sous l'effet de la niacine. Si une carence est là pour être activée par la niacine, il semble qu'elle le sera.

Les deux faits suivants ont été prouvés par les observations :

1. Quand on continuait l'absorption de niacine jusqu'à ce que ces phénomènes se déchargent, ces derniers disparaissaient. Et ils le *font* tous. Parfois les gens se dégonflent et ne terminent pas le programme, ce qui les bloque dans la carence qui crée cette maladie ou cet effet particulier. On ne devrait pas permettre cela.

   C'est un fait établi que quelque chose qui est provoqué par la niacine sera éliminé par celle-ci, si on continue de la prendre.

5. **urticaire :** irruption cutanée ressemblant à des piqûres d'orties, qui est souvent une réaction allergique de l'organisme à certains aliments. (Fraises, oeufs, crustacés, etc.)

6. **gastro-entérite :** inflamation simultanée des muqueuses de l'estomac et des intestins.

2. Lorsqu'on augmentait la dose de niacine et qu'on augmentait proportionnellement toutes les autres vitamines, la niacine elle-même, absorbée en grande quantité, ne créait pas de carence en vitamines.

Les Déficiences Nutritives Artificielles

Lors du programme de Purification, c'est l'accroissement progressif de la dose de niacine qui détermine l'accroissement proportionnel des autres vitamines et des minéraux.

Donc, ce qui pourrait ralentir le programme de Purification, et sembler le rendre incomplet, serait une déficience nutritive - un échec à équilibrer la niacine avec les autres vitamines et minéraux nécessaires, dans les proportions adéquates, et un échec à se nourrir correctement, la nourriture incluant des légumes (avec les vitamines et les minéraux qu'ils contiennent) et de l'huile.

Dans de tels cas, il faudrait chercher des déficiences nutritives artificielles - pas des conditions qui étaient obligatoirement présentes au début du programme.

C'est probablement le fait de ne pas savoir ces choses qui a fait croire aux médecins que la niacine avait des effets secondaires. Les effets secondaires étaient probablement des somatiques et des manifestations dues à des carences qui n'avaient pas été entièrement éliminées ou à des carences provenant du fait que la niacine n'était pas équilibrée avec les autres vitamines, les minéraux et l'huile nécessaires à la reconstruction du corps.

10

L'Alimentation et les Carences

10

L'Alimentation et les Carences

Les malaises dus aux déficiences alimentaires sont probablement la raison pour laquelle beaucoup de personnes commencent à prendre de la drogue. Ces déficiences s'aggravent alors progressivement car les drogues *elles-mêmes* provoquent une carence généralisée en vitamines et en minéraux. Il est nécessaire de réparer entièrement ces déficiences pour pouvoir se remettre de l'effet des drogues.

Étant un des premiers instigateurs des thérapies à base de vitamines, je sais ce dont je parle quand j'aborde le sujet des déficiences nutritives. Une partie de mon travail sur les vitamines et les carences, les stimulants, les calmants et dans le domaine de la biochimie précède le printemps 1950. Les études faites dans ces domaines ont grandement contribué au développement du programme de Purification.

Les Minéraux : Base des Interactions Glandulaires

Entre 1945 et 1973, j'ai étudié le système endocrinien[1].

1. **endocrinien :** du grec endo, « en dedans »; endocrine : du grec Krinein « sécréter ». Se dit des glandes à sécrétion interne, dont les produits sont déversés directement dans le sang, (exemple l'hypophyse, la tyroïde). Endocrinien : (de endocrine). Relatif aux glandes endocrines. Le système endocrinien.

Cette étude semblait indiquer que les minéraux et les traces de minéraux agissant dans la circulation du sang et des autres fluides du corps étaient une clé de l'interaction glandulaire.

La théorie est la suivante : Chaque glande du corps a besoin d'un minéral spécifique ou plus et c'est en fait de cette manière qu'elles agissent les unes avec les autres. En d'autres mots, le système endocrinien se contrôle lui-même par l'intermédiaire des minéraux.

Du fait que les diverses drogues bouleversent le système endocrinien, on peut constater que quand on commence à administrer des vitamines, à faire transpirer et à faire d'autres actions de ce genre, le corps va se mettre à réclamer des minéraux. Par conséquent, on aura besoin de certaines doses de minéraux qui accompagnent tout le reste.

Quand on connaît le sujet de l'alimentation et les composantes du programme, il devient évident que s'il y a une carence en vitamines ou en minéraux qui n'est pas traitée, l'efficacité du programme diminuera.

La nutrition et les carences nutritives sont donc des sujets qu'il est vital d'aborder dans tout texte relatif à ce programme.

Les Drogues et les Toxines Brûlent les Vitamines

Un des phénomènes provoqués par les toxines et les drogues sont les carences nutritives sous la forme de carences en vitamines et en minéraux. Les carences en vitamine C[2], en

2. **vitamine C :** aussi appelée acide ascorbique; sans couleur, une vitamine qui est soluble dans l'eau et qui se trouve dans de nombreux aliments, spécialement dans les fruits, citrons, légumes, fruits du rosier ou de l'églantier sauvage, et également réalisé synthétiquement. Elle est spécialement requise en nutrition pour le métabolisme.

vitamine B_1, en vitamine B complexe et en niacine sont provoquées par les drogues. Il y a peut-être d'autres carences provoquées par les drogues que nous ne connaissons pas actuellement, mais nous sommes sûrs de cette liste.

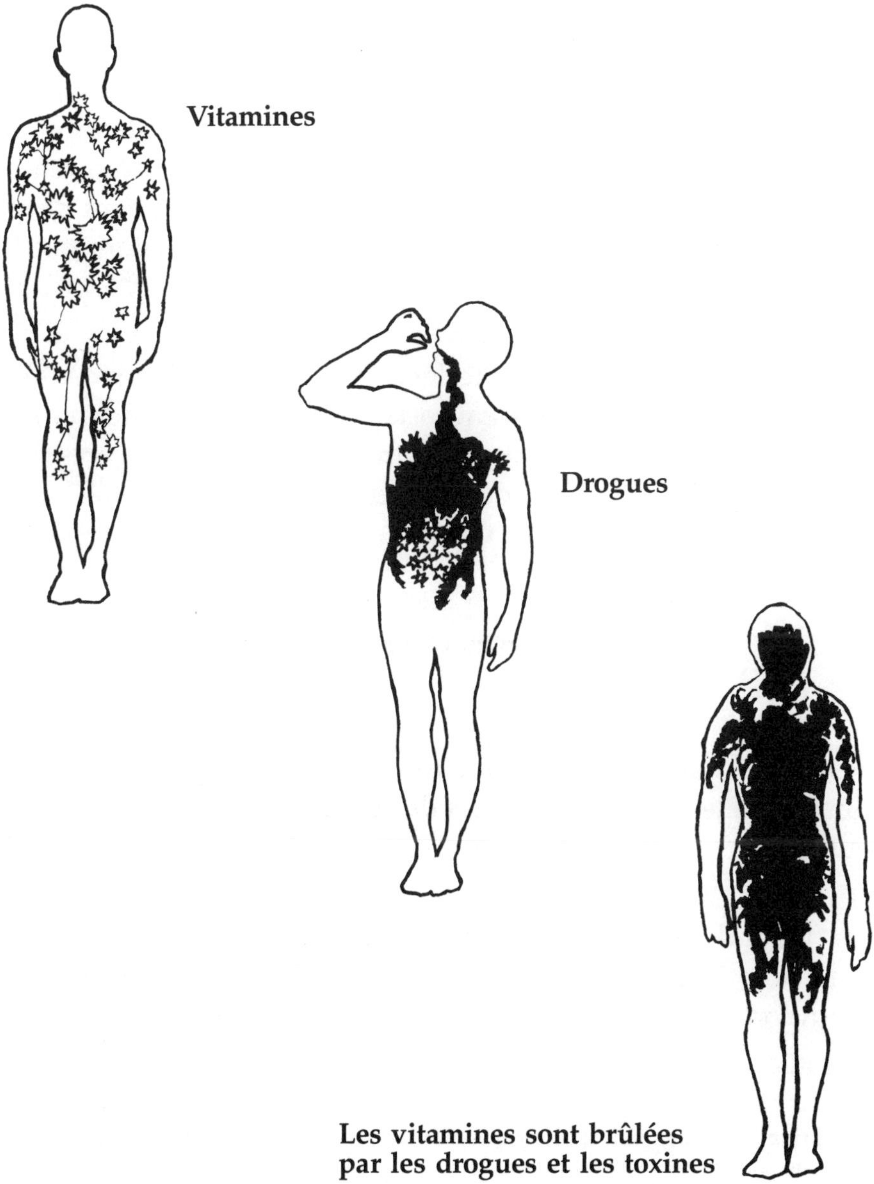

Ainsi, les effets de l'alcool, par exemple, dépendent de la capacité du corps à brûler la vitamine B_1. Quand l'alcool a brûlé toute la vitamine B_1 de l'organisme, la personne sombre dans le Delirium Tremens[3] et a des cauchemars.

Dans le cas d'autres substances toxiques, il est probable que d'autres vitamines soient brûlées. Il semble que ce que nous ayons découvert est que, non seulement le LSD et les autres drogues de la rue brûlent la vitamine B_1 et la vitamine B complexe, mais qu'elles créent aussi dans le corps une carence en niacine et qu'il est possible que leurs effets dépendent de la niacine, qui est une des composantes de la vitamine B complexe.

À la lumière de ce qui fut découvert, les résidus toxiques et les résidus de drogues peuvent rester dans le corps pendant des années, on peut présumer que ces résidus, qui sont encore présents jusqu'à un certain degré, peuvent avoir le même effet continu sur les réserves en vitamines et minéraux du corps.

Les Carences et les Maladies

Il faut s'attendre à ce que toute substance dont le corps a besoin pour survivre provoque une condition physique non optimale si elle est absorbée dans des quantités trop faibles, voire nulles.

Quand cette condition est très marquée, on l'appelle une « maladie ». Quand elle est moins visible ou non décelée, la condition est appelée « ne pas se sentir bien ».

3. **delirium tremens :** délire alcoolique aigu accompagné d'agitations, d'hallucinations, de tremblements et de fièvre.

Il existe une possibilité distincte que l'un des plus grands facteurs qui fasse vieillir soit l'accumulation des carences (après les facteurs mentaux et spirituels).

La prédisposition[4] à d'autres types de maladies est, dans de nombreux cas, due à ces carences, même lorsque ce sont des virus[5] ou des bactéries[6] qui précipitent la manifestation de ces maladies.

On peut garantir que la maladie persistera si la carence reste présente et si rien n'est fait pour la résoudre.

Un des facteurs dans le développement du programme de Purification fut donc de traiter toutes ces carences avec l'absorption quotidienne de quantités suffisantes de vitamines et de minéraux, en plus de tout ce que la personne prend lors de ses repas habituels.

Les quantités exactes de ces substances utilisées dans le programme sont données dans le chapitre suivant. Augmenter ces quantités de façon proportionnelle et selon les besoins de chaque personne fait partie du programme lui-même.

Les Carences Artificielles

Une vitamine ou un minéral ne fonctionne pas seul - il doit être accompagné d'autres éléments avec lesquels il se combine pour accomplir sa tâche.

---

4. **prédisposition :** disposition naturelle, aptitude à contacter certaines maladies, certains goûts, à recevoir certaines impressions, susceptibilités.

5. **virus :** microbe responsable des maladies contagieuses.

6. **bactérie :** nom général donné aux microbes unicellulaires, de forme allongée, (bacilles), ou sphérique, (coques).

Par exemple, quand on donne de la vitamine B_6[7] à une personne, une quantité complémentaire de vitamine B_2[8] doit lui être donnée, pour que cela soit efficace. C'est très bien de dire que la vitamine B_6 est bénéfique au système nerveux, et que sans elle toutes sortes de choses peuvent se produire, mais si on donne de la vitamine B_6 à une personne et qu'on s'étonne ensuite qu'il ne se passe rien de miraculeux, c'est parce qu'on n'a pas donné à la personne la quantité complémentaire de vitamine B_2.

Quand de fortes quantités de vitamines, de minéraux, ou de nourriture sont données à une personne, il semble que si on ne donne pas les autres vitamines et minéraux complémentaires, des carences artificielles puissent être créées. Augmenter la quantité de certains éléments provoque une plus grande demande pour les autres éléments, simplement parce que les premiers ont été augmentés. Quand on augmente sensiblement l'absorption de certains éléments, un *équilibre* doit être obtenu en augmentant de façon proportionnelle les autres éléments.

Dans certaines parties du corps, celui-ci ira même jusqu'à prendre aux os, aux muscles et aux tissus les éléments dont il a besoin.

Des carences artificielles peuvent ainsi être créées.

C'est un principe que j'ai découvert et prouvé dès 1950. Vous pouvez réellement créer un manque de vitamine C en

7. **vitamine B_6 :** une vitamine, aussi appelée pyridoxine, importante substance protéique qui facilite la réaction bio-chimique, de l'hydrate de carbone et pour le métabolisme des graisses et la production d'hormones (l'adrénaline et l'insuline) et la production d'anticorps.

8. **vitamine B_2 :** aussi appelée riboflavine, une vitamine importante dans le métabolisme de la protéine et pour la peau, la santé du foie et des yeux. Présente dans les céréales, les légumes, la levure de bière et actuellement obtenue par synthèse.

administrant de la vitamine B et du calcium. Il suffit de les injecter à la personne à de très, très fortes doses et elle manifestera les caractéristiques d'une carence en vitamine C. Elle commence à avoir mal aux dents. Puis, quand vous lui donnez de la vitamine C, ces manifestations disparaissent. En d'autres termes, une trop forte dose de vitamine « X » et « Y » peut apparemment créer une carence de vitamine « Z ».

La raison en est qu'une vitamine provoque certains changements dans le corps, mais pour que ces changements soient complets, ils ont besoin de la vitamine complémentaire. Si cette vitamine complémentaire est absente, cela donne ces phénomènes de carence.

Le principe en action est que si on donne une ou deux vitamines dans des quantités trop importantes, on peut créer une carence d'une autre vitamine qui n'est pas donnée ou qui est donnée dans de trop faibles proportions. Cela est aussi valable pour les minéraux.

Les quantités de vitamines et de minéraux doivent donc être données dans certaines proportions.

Cette théorie a été un des éléments majeurs du développement du programme de Purification et reste un élément principal de son succès et de son efficacité.

11

Les Compléments Nutritifs

11

Les Compléments Nutritifs

Ainsi qu'il a été dit dans un chapitre précédent, ce programme ne comprend pas de régime spécial ou de nourriture à la mode.

Ce qui *fait* partie du programme c'est que la personne aura besoin de certains éléments sous la forme de vitamines et de minéraux en sus de ses repas habituels. On suit ses habitudes alimentaires; on ne *supprime* pas certains aliments nécessaires. Il y a cependant des *additions* aux habitudes alimentaires de la personne. Celles-ci s'ajoutent aux repas habituels :

a. Beaucoup de légumes qui n'ont pas été bouillis. Les légumes contiennent beaucoup de minéraux et de fibres, ainsi que certaines vitamines importantes.

b. Une quantité d'huile recommandée - en s'assurant qu'elle est fraîche - prise chaque jour. (Celà devrait être un mélange de quatre huiles : soja, arachide, noix et tournesol, plus de la lécithine.)

c. Des suppléments de vitamines et de minéraux dans les quantités exactes recommandées, augmentées de façon proportionnelle au fur et à mesure de l'avancement du programme.

d. Un à trois verres de « Cal-Mag » (boisson à base de calcium et de magnésium), par jour, comme prescrit.

e. Beaucoup d'eau et autres boissons absorbées chaque jour, pour aider à nettoyer l'organisme.

Les Vitamines et les Minéraux

À titre de mémoire, on trouvera ci-dessous les quantités approximatives de vitamines et de minéraux prises par les personnes commençant le programme. Il est important qu'aucune de ces vitamines ne soit prise sans les autres.

Niacine:	100 mg par jour (ou moins, selon la tolérance de la personne au début du programme).
Vitamine B complexe :	environ 2 comprimés par jour, chaque comprimé contenant la même quantité de vitamine B_2 et B_6.
Vitamine B_1:	250 à 500 mg par jour, en plus de la vitamine B_1 contenue dans le comprimé de vitamine B complexe.
Vitamine A :	environ 5000 IU par jour.
Vitamine D :	environ 400 IU par jour. (Elle est généralement prise sous la forme d'une capsule qui contient les 400 IU de vitamine D et les 5000 IU de vitamine A indiquée ci-dessus.)
Vitamine C :	environ 250 à 1000 mg. par jour, en fonction de la tolérance de la personne.
Vitamine E :	environ 800 IU par jour.
Comprimé de multi-minéraux :	1 à 2 comprimés par jour, chacun contenant une combinaison équilibrée de minéraux.
« Cal-Mag » :	au moins un verre, ou plus selon ce qui est conseillé (La formule du « Cal-Mag », décrite dans le chapitre 9 de la première partie de ce livre, fournit des quantités

supplémentaires de calcium et de magnésium qui sont prises chaque jour en supplément des comprimés de multi-minéraux.)

La Vitamine B Complexe

Le comprimé de vitamine B complexe utilisé à l'origine des recherches sur le programme de Purification avait la composition suivante :

Vitamine B_1:	50 mg.	Acide folique[1]:	100 mcg.
Vitamine B_2:	50 mg.	Biotine[2]:	50 mcg.
Vitamine B_6:	50 mg.	Choline[3]:	50 mg.
Vitamine B_{12}[4]:	50 mcg.	Niacinamide:	50 mg.
Acide Pantothénique[5]:	50 mg.	Inositol[6]:	50 mg.
PABA[7]:	50 mg.		

1. **acide folique :** une vitamine importante dans la formation des globules rouges.

2. **biotine :** une vitamine qui contient une quantité importante de protéines, d'hydrate de carbone et d'acide gras insaturé pour le métabolisme, pour une croissance normale et un maintien de l'épiderme, des cheveux, des nerfs, de la moëlle épinière et des glandes diverses.

3. **choline :** une vitamine importante pour le fonctionnement du système nerveux (c'est un ingrédient essentiel dans le fluide nerveux), le foie et la structure de l'immunité.

4. **vitamine B_{12} :** une vitamine pour la formation des globules rouges, l'équilibre du système nerveux, la croissance normale, le métabolisme de l'hydrate de carbone, et la fécondité.

5. **acide pantothénique :** un acide qui se trouve dans les plantes et dans les tissus des animaux, le riz, le son, etc., c'est une partie des vitamines B complexes et c'est essentiel à la croissance des cellules.

6. **inositol :** une vitamine très concentrée et qui se trouve dans le cerveau, l'estomac, les reins, la rate et le foie; reliée au contrôle du niveau de cholestérol; rapporté comme ayant un effet inhibiteur modéré sur le cancer.

7. **PABA :** une abréviation pour une vitamine nommée acide *p*ara-*a*mino-*b*enzoïque; importante lors du métabolisme de la protéine, dans la formation de la cellule de sang, dans la stimulation de la bactérie intestinale afin de produire l'acide folique et lors de l'utilisation de l'acide pantothénique.

le tout étant dans une base de lécithine, de persil, de son de riz, de cresson de fontaine et de luzerne.

Le même comprimé, ou un comprimé ayant un contenu similaire, est toujours utilisé avec beaucoup de succés dans la délivrance du programme de Purification.

Le Comprimé de Minéraux

Le comprimé utilisé lors de la recherche initiale avait la composition ci-dessous, pour neuf comprimés, c'est-à-dire qu'un comprimé ne contenait qu'*un neuvième des quantités suivantes de minéraux*:

500 mg de calcium	4 mg de manganèse[8]
250 mg de magnésium	2 mg de cuivre
18 mg de fer	45 mg de potassium (protéine complexe)
15 mg de zinc	0,225 mg d'iode[9] (varech)

Dans le comprimé utilisé, les minéraux (à l'exception du potassium et de l'iode) sont « chelatés[10] » (liés avec) des

8. **manganèse :** un minéral important pour la croissance, la formation des os, la reproduction, la coordination de la musculature, la corpulence, et le métabolisme de l'hydrate de carbone.

9. **iode :** un élement chimique qui se trouve dans l'eau de mer et dans certaines herbes, algues, utilisé en solution et en qualité d'antiseptique; l'iode est utilisé par la glande thyroïde (une grosse glande située à la partie antérieure du cou, sécrétant une hormone qui régularise la croissance et le développement du corps.)

10. **chelaté :** un procédé par lequel les minéraux sont conservés, comme s'ils étaient comprimés par les acides aminés. *Chelation* mot grec qui signifie « serre ». Ceci réunit un minéral avec un acide aminé qui existe dans la nature, puisque c'est

amino-acides[11] dans une base de sélénium[12], de levure, d'ADN[13], d'ARN[14], de ginseng, de farine de feuilles de luzerne, de persil, de cresson de fontaine et de choux.

Ce même comprimé, ou un comprimé ayant une composition similaire ou des minéraux supplémentaires, est actuellement, toujours utilisé de façon efficace.

Les Fortes Doses de Minéraux

Initialement, une personne commençait le programme en prenant un ou deux comprimés par jour. Puis, au fur et à mesure qu'on augmentait la niacine et les autres vitamines proportionnellement, la dose de minéraux était augmentée en conséquence de deux à trois comprimés à la fois, de trois à quatre comprimés, de quatre à cinq comprimés et de cinq à six comprimés par jour.

Des recherches ultérieures ont depuis montré que des doses bien plus importantes que celles-ci donnaient les résultats

---

l'étape qui est nécessaire pour que le minéral soit absorbé et utilisé par le corps. Ainsi, cette étape étant déjà préparée, le minéral est plus facilement absorbé et utilisé. Voir également amino-acide.

11. **amino-acide :** composant organique de base essentiel à la décomposition des corps lors de l'absorption de la nourriture.

12. **sélénium :** une trace de minéral (oligo) qui aide à maintenir les muscles en bonne santé et qui protège les cellules contre l'intoxication et qui stimule la fabrication des anticorps.

13. **ADN :** abréviation de acide désoxyribonucléique; un composé complexe qui se trouve dans toutes les cellules vivantes et qui intervient principalement dans l'hérédité. En matière de chromosomes, c'est la direction qui contrôle les fonctions héréditaires d'un animal ou d'une plante. Dans les chromosomes, l'ADN fournit un ensemble complet d'« instructions », concernant leur propre développement ainsi que celui des descendants pour les générations à venir.

14. **ARN**, acide ribonucléique : l'un des composants qui se trouve dans toutes les cellules vivantes. Substance qui exécute les instructions de l'**ADN** pour la production de la protéine. Voir aussi **ADN.**

les plus optimaux sur le programme. (Voir la Table des Minéraux pages suivantes.)

Une grande quantité de minéraux est perdue lors de la sudation dans le sauna. Aussi des très, très grandes quantités de minéraux doivent être prises pour compenser ceux éliminés par la transpiration. De plus, il est possible que la capacité du corps d'une personne à assimiler les minéraux augmente au fur et à mesure qu'elle progresse sur le programme.

L'Accroissement Proportionnel des Vitamines et des Minéraux

Les tables des pages suivantes donnent les quantités de vitamines et de minéraux que la personne devrait prendre au fur et à mesure qu'elle avance sur le programme.

C'est l'accroissement de la quantité de niacine qui dicte l'accroissement des quantités des autres vitamines et minéraux donnés durant le programme. La niacine est augmentée lorsque la réaction due à la dose actuelle de niacine diminue, ainsi que décrit dans le chapitre suivant. En particulier les vitamines B_1 et C doivent progresser de la même manière que la niacine, de façon à éviter de créer des carences artificielles de vitamines.

Les doses données dans ces tables montrent les variations des tolérances individuelles et les degrés d'accroissement qui se sont avérés être les plus efficaces dans la majorité des cas.

(voir tables dans les pages suivantes)

Table des Vitamines

Cette table donne les proportions croissantes de vitamines aux divers stades du programme.

	Étape 1	Étape 2	Étape 3	Étape 4	Étape 5
Niacine	100 à 400 mg	500 à 1 400 mg	1 500 à 2 400 mg	2 500 à 3 400 mg	3 500 à 5 000 mg
Vitamine A	5 000 à 10 000 IU	20 000 IU	30 000 IU	50 000 IU	50 000 IU
Vitamine D	400 IU	800 IU	1 200 IU	2 000 IU	2 000 IU
Vitamine C	250 à 1 000 mg	2 à 3 g	3 à 4 g	4 à 5 g	5 à 6 g
Vitamine E	800 IU	1 200 IU	1 600 IU	2 000 IU	2 400 IU
Vitamine B complexe	2 Comprimés	3 Comprimés	4 Comprimés	5 Comprimés	6 Comprimés
Vitamine B_1	350 à 600 mg	400 à 650 mg	450 à 700 mg	750 à 1 250 mg	800 à 1 300 mg

La Table des Minéraux

La table suivante montre les quantités approximatives de minéraux semblant donner les meilleurs résultats aux diverses étapes, lors de l'accroissement des vitamines.

(tous les chiffres sont donnés en milligrammes, sauf ceux du Cal-Mag)

	Étape 1	Étape 2	Étape 3	Étape 4	Étape 5
Calcium	500 à 1 000	1 000 à 1 500	1 500 à 2 000	2 000 à 2 500	2 500 à 3 000
Magnésium	250 à 500	500 à 750	750 à 1 000	1 000 à 1 250	1 250 à 1 500
Fer	18 à 36	36 à 54	54 à 72	72 à 90	90 à 108
Zinc	15 à 30	30 à 45	45 à 60	60 à 75	75 à 90
Manganèse	4 à 8	8 à 12	12 à 16	16 à 20	20 à 24
Cuivre	2 à 4	4 à 6	6 à 8	8 à 10	10 à 12
Potassium	45 à 90	90 à 135	135 à 180	180 à 225	225 à 270
Iode	0,225 à 0,450	0,450 à 0,675	0,675 à 0,900	0,900 à 1 125	1 125 à 1 350
Cal-Mag	1 à 1½ verres	1 à 2 verres	1 à 2 verres	2 à 3 verres	2 à 3 verres

(*Remarque* : la quantité de comprimés de minéraux qui doivent être pris dépend de la force des différents comprimés utilisés. L'important est de prendre la quantité nécessaire de minéraux. Il a été constaté que les gros comprimés peuvent ne pas être aussi bien décomposés et assimilés par le corps que les petits comprimés. Ainsi, on pourrait ne pas avoir la même quantité de minéraux selon qu'on prenne un grand comprimé ou plusieurs petits comprimés, même si le grand comprimé contient la même quantité de minéraux.)

Comment Lire les Tables

Avant tout, pour mettre les choses au clair, les chiffres de ces tables désignent des points d'accroissement (étape 1, 2, 3, 4 et 5) et *ne font pas* référence aux premier, deuxième, troisième, quatrième et cinquième jours du programme. Ils font référence à des « étapes » approximatives d'accroissement des vitamines et des minéraux (par rapport à l'accroissement de la niacine) par lesquels passe une personne qui effectue le programme.

Sur la table des vitamines, à l'étape 1, le premier chiffre donné pour chaque vitamine donne la dose de début habituelle pour la plupart des personnes. Donc, les plages indiquées dans la colonne étape 1 montrent comment les doses initiales peuvent être augmentées dans les premiers jours ou pendant une semaine environ, selon les réactions à la niacine qu'aura la personne.

Dans la table des minéraux, sous la colonne étape 1, la première colonne de chiffres (en lisant vers le bas) donne les doses de départ habituelles pour la plupart des personnes. Les plages situées sous la colonne étape 1 montrent dans quelles proportions il est possible d'augmenter la dose des minéraux, durant la première phase du programme.

Le même principe s'applique aux augmentations indiquées dans les colonnes des étapes 2, 3, 4 et 5.

Exemple : La personne A commence le programme avec une dose de 100 milligrammes de niacine plus les autres quantités de vitamines, conformément à la table des vitamines. Les augmentations initiales pour les minéraux sont approximativement : calcium : 500 mg, magnésium : 250 mg, fer : 18 mg, zinc : 15 mg, manganèse : 4 mg, cuivre : 2 mg, potassium : 45 mg et iode : 0,225 mg.

La personne continue avec ces doses jusqu'à ce que les effets de la niacine aient diminué - disons que, dans ce cas, cela se produise au troisième jour du programme. À ce point, la dose de niacine est augmentée à 200 mg par jour, les autres quantités quotidiennes de vitamines et de minéraux étant augmentées dans les mêmes proportions, et elle continue avec ces doses jusqu'à ce que les effets de la niacine aient diminué. En progressant de cette manière, lors du septième jour du programme, ses doses de vitamines et de minéraux ont été augmentées jusqu'aux niveaux indiqués dans l'étape 2 des tables. Après le neuvième jour, les vitamines et les minéraux ont été augmentés jusqu'au niveau indiqué dans l'étape 3 des tables. Et elle continue ainsi jusqu'à l'étape 5, en passant par tous les niveaux de dosages.

Cela varie d'une personne à une autre.

La personne B, par exemple, commence avec 100 mg de niacine et les doses de vitamines et de minéraux correspondantes, et il se peut qu'il lui faille une semaine ou plus pour arriver aux quantités de vitamines et de minéraux correspondant à l'étape 2. La personne peut alors terminer rapidement l'étape 2 et prendre à nouveau une semaine pour achever l'étape 3 et en fait, terminer le programme durant l'étape 4.

Il n'existe pas de routine toute faite à suivre. Il s'agit uniquement d'appliquer de façon standard les données relatives au moment où on doit augmenter la dose de niacine. (Voir le chapitre 12, première partie, « Augmenter la dose de niacine ».) C'est le facteur qui peut le plus varier d'une personne à une autre.

Cependant, les tables précédentes donnent les lignes directrices qui ont été, et sont suivies pour augmenter les vitamines et les minéraux de façon proportionnelle lors des augmentations des doses de niacine.

Remarques Supplémentaires sur les Vitamines

On devrait ici insister sur le fait que les tolérances individuelles étaient et doivent toujours être prises en compte dans chaque cas.

En particulier, les quantités de vitamines C doivent être augmentées avec soin en fonction de la tolérance de la personne, car trop de vitamine C peut provoquer des maux d'estomac ou des diarrhées pour certaines personnes.

Il est aussi important que la vitamine C soit augmentée de façon proportionnelle à l'augmentation de la dose de niacine. Il existe des cas où la carence de vitamine C due à des drogues était telle que la personne devait consommer des dizaines de milliers de milligrammes de vitamine C par jour avant de pouvoir en éliminer. Une grave carence en vitamine C peut provoquer la maladie appelée scorbut[15]. La « vitamine C brute » trouvée dans les pommes de terre ou dans les oignons crus est parfois nécessaire en plus de la vitamine C synthétique. (Ils étaient les remèdes traditionnels au scorbut.)

Les vitamines et les minéraux ne devraient *pas* être pris à jeun, car ils peuvent provoquer des brûlures d'estomac. Ils devraient être pris après les repas ou, s'ils sont pris entre des repas, avec du yaourt.

---

15. **scorbut** : maladie résultant d'une carence en acide ascorbique, (vitamine C) caractérisée par une faiblesse, anémie, lèvres gercées, hémorragies des muqueuses etc.

La Niacinamide

La majorité des comprimés de vitamine B complexe contiennent une petite quantité de niacinamide, c'est la substance inventée par quelqu'un pour empêcher une personne d'avoir des rougeurs dues à la niacine. De ce fait, elle est sans valeur. Il y a des chances pour que la quantité de niacinamide d'un comprimé de vitamine B complexe agisse uniquement pour éviter toute rougeur due à la niacine qu'il contient. Les résultats des expériences pilotes faites sur le programme de Purification, où des quantités diverses de niacine ont été utilisées (en combinaison avec les vitamines et minéraux qui l'accompagnent), montrent que l'inclusion de la niacinamide dans la vitamine B complexe a peu d'effet, si elle en a, sur la rougeur résultant des doses supplémentaires de niacine absorbées. Cependant, il existe des comprimés de vitamine B complexe qui contiennent de la niacine au lieu de la niacinamide, et il est préférable d'utiliser de tels comprimés.

Il est aussi possible de faire préparer des comprimés de vitamine B complexe qui contiennent de la niacine *au lieu de* la niacinamide, avec des quantités égales de vitamines B_1, B_2 et B_6, surtout si on commande ces comprimés en grande quantité.

Remarque : lorqu'on utilise des comprimés de vitamine B complexe incorporant de la niacine, cela constitue une augmentation d'autant de la dose de niacine et cela doit être pris en considération lorsqu'on augmente les doses de niacine et de vitamine B complexe.

Note sur les Minéraux : Les oligo-éléments

La plupart des formules de multi-minéraux incluent les éléments minéraux majeurs qui sont requis par le corps, mais pas tous les oligo-éléments.

Les oligo-éléments sont les minéraux qui se sont avérés nécessaires au maintien de la vie, même s'ils n'existent dans le corps qu'en de très petites quantités, c'est-à-dire sous la forme de « traces ».

Les principaux oligo-éléments sont le cobalt, le cuivre, l'iode, le manganèse, le molybdène, le zinc, le sélénium et le chrome. Récemment, en 1970, l'étain a été ajouté à la liste des oligo-éléments essentiels.

Les chercheurs dans le domaine de la nutrition sont les premiers à admettre que, dans ce domaine, le travail est loin d'être terminé et que d'autres éléments seront sans aucun doute ajoutés à la liste, au fur et à mesure de l'avancement des recherches.

Il existe aussi, actuellement, des divergences d'opinions assez marquées quant aux quantités minimales requises chaque jour pour les divers minéraux et en particulier pour les oligo-éléments.

On trouve les minéraux dans une large variété d'aliments. Les aliments naturels, non endommagés par les traitements industriels, sont les meilleures sources de minéraux, étant donné qu'ils existent dans les aliments non traités, dans des combinaisons qui sont très efficaces. Mais les aliments cultivés dans des terrains appauvris en minéraux peuvent aussi être appauvris pour ce qui est de ces minéraux. Par ailleurs, il n'y a bien sûr aucun aliment qui les fournisse tous à lui seul.

Il est par conséquent nécessaire d'utiliser plus d'un type de comprimé de multiminéraux pour s'assurer d'avoir tous les minéraux, y compris les oligo-éléments, dont a besoin le corps.

Remarque : Les tables de vitamines et de minéraux données

dans les pages précédentes n'incluent pas les vitamines et minéraux supplémentaires qui pourraient être nécessaires dans le cas de carences spécifiques chez l'individu. Toute carence de ce type devra être déterminée par un médecin, et on devra y remédier par des quantités supplémentaires de vitamines et de minéraux adéquates.

À titre d'indication, quatre des livres les plus instructifs au sujet des vitamines et des minéraux sont : « *Portons nous bien* », « *Mangeons bien pour rester en forme* », « *Cuisinons bien* » et « *Ayons des enfants en bonne santé* » de Adelle Davis.

Les données fournies dans ce chapitre ne doivent pas être considérées comme une recommandation médicale. Elles donnent la liste des éléments des vitamines et des minéraux qui ont été utilisés lors du développement du programme de Purification et qui se sont révélés efficaces pour le plus grand nombre de personnes.

12

L'Augmentation de la Dose de Niacine

12

L'Augmentation de la Dose de Niacine

L'Augmentation des Doses de Niacine et des Autres Vitamines

La plupart des gens qui ont fait le programme de purification ont commencé avec des doses de 100 mg de niacine par jour (certains ont pris moins, selon ce qu'ils pouvaient tolérer) et ont augmenté la dose au fur et à mesure de leurs progrès.

Les meilleurs résultats ont été obtenus quand la niacine était prise en une seule fois, et non pas en plusieurs fois dans la journée. Prise avec de l'eau et à jeun, la niacine peut vous rendre malade; il est préférable de la prendre après un repas ou avec du lait ou un yaourt.

Pour augmenter la dose de niacine, on continuait de donner une quantité spécifique de niacine chaque jour jusqu'à ce que son effet diminue. Le lendemain, on augmentait alors la quantité de niacine progressivement, par exemple de 100 mg. On obtenait ainsi un chevauchement de l'effet de l'ancienne dose, qui devenait inefficace, et de celui de la nouvelle dose dont on avait besoin. Procéder de cette façon, augmenter la dose dès qu'elle devenait moins efficace, a permis d'accélérer considérablement l'action.

Les autres vitamines étaient augmentées de façon proportionnelle à la niacine, du fait de leur interaction avec les carences et parce qu'elles étaient nécessaires en plus grandes quantités.

On s'est aperçu qu'il était essentiel que la vitamine C, la vitamine B_1 et les autres vitamines B soient données dans des proportions exactes à celle de la niacine. En d'autres termes, quand on augmente la quantité de niacine, il faut aussi augmenter les quantités des vitamines B_1 et B complexe. Il en est de même pour la vitamine C. Les quantités de vitamines devant être données dans des proportions restant constantes.

Comment Augmenter la Niacine et Quand ?

Compte tenu de ce qu'a conseillé un médecin pour chaque personne, dans la plupart des cas examinés, le meilleur gradient s'est généralement avéré être le suivant : on faisait commencer la personne avec une dose de 100 mg de niacine, et on augmentait cette dose de 100 mg en 100 mg, jusqu'à ce que la personne atteigne 1000 mg par jour. Un gradient plus élevé était alors utilisé au fur et à mesure que la personne prenait des doses plus fortes. On a découvert que de nombreuses personnes pouvaient supporter des augmentations de 300 à 500 mg d'un coup, quand elles parvenaient à des doses plus fortes. Remarquez ici, qu'on ne parle pas forcément d'augmentation *journalière,* mais du gradient utilisé pour augmenter la dose de niacine quand cela est nécessaire.

Pour toute augmentation de la dose de niacine, on prenait toujours compte de la tolérance de l'individu et il y avait des exceptions au « gradient le plus adapté » décrit ci-dessus. Pour certaines personnes, il fallait augmenter la dose de niacine selon un gradient moins élevé, compte tenu de leur tolérance et des conseils du médecin.

Par contre, on observait, chez certains cas, un phénomène de « faire du sur place », quand la personne :

a. s'en tenait, jour après jour, à une dose constante de niacine, par exemple 500 mg, jusqu'à ce qu'il ne se passe plus rien

ou

b. s'en tenait à une augmentation de 100 mg de niacine à chaque fois, tout en étant parvenu à des doses de niacine élevées, même si elle n'avait que des réactions légères et courtes à la niacine qu'elle pouvait très bien supporter et alors qu'elle sentait qu'elle était tout à fait capable de supporter un gradient plus élevé.

Par phénomène de « faire du sur place », on veut dire qu'il se passe quelque chose de similaire à ce qui se passe quand on est fatigué de toujours faire la même chose, la personne étant irritée et frustrée par le programme et sentant qu'elle ne progresse pas aussi vite qu'elle le pourrait.

Dans ces cas, on a observé que lorsque les personnes pouvaient progresser plus rapidement avec des doses de niacine plus importantes (en augmentant toujours les autres vitamines et minéraux dans les proportions adéquates et en fonction de la tolérance de l'individu) et qu'on augmentait leur dose en conséquence, le programme se déroulait sans heurts et elles venaient à bout de tout ce qui apparaissait.

On s'est aperçu que *le moment* où on augmentait la dose de niacine était aussi important que la quantité dont on augmentait cette dose.

Quand on augmentait la niacine :

a. après que les effets d'une dose de niacine aient *diminués* (sans avoir complètement disparu)

et

b. quand toutes les autres manifestations et restimulations causées par cette dose avaient diminué ou disparu (ainsi qu'il est décrit plus haut), chaque personne faisait de bons progrès, sous réserve que l'ensemble du programme soit effectué de façon standard.

En d'autres termes, on s'est aperçu qu'il pouvait y avoir diverses réactions et restimulations (ainsi qu'il a été décrit précédemment), celles-ci devant toutes être prises en considération pour déterminer l'augmentation de la dose de niacine.

Lorsqu'on le faisait correctement, on obtenait d'excellents résultats. La question de l'augmentation des doses a été réglée en fonction de l'autorisation médicale du médecin particulier de la personne et en fonction de tout autre conseil médical requis.

Avertissement

Il faut préciser que, parallèlement à ces données obtenues lors des recherches, nous avons reçu des rapports concernant des personnes qui prenaient de la niacine, tranquillement, de leur propre chef, sans être sur le programme de Purification et sans aucune supervision médicale ou autre, juste pour voir ce qui se passerait. Cela n'est pas conseillé. Ceci pourrait avoir pour conséquence des carences artificielles ou bien l'apparition de phénomènes qui ne sont ensuite pas traités ou éliminés correctement.

Poudre ou Cachet

Certaines personnes ont signalé avoir eu des résultats plus rapides et/ou plus intenses en prenant la niacine sous la forme de poudre. Ces différences ont été le plus souvent signalées par des personnes qui avaient atteint des doses élevées et n'ayant pas ou peu de résultats en prenant de grands comprimés et qui ont alors pris la même dose en poudre et qui obtinrent des résultats plus intenses.

Toutefois, certaines personnes signalent avoir eu des réactions en prenant des doses de 100, 200, 300 et 400 mg en comprimés de 100 mg; puis lorsqu'elles atteignaient 500 mg en un seul comprimé, rien ne se passait. Cependant, le jour suivant, en prenant 5 comprimés de 100 mg, cette dose de 500 mg provoquait des réactions.

D'autres personnes ont aussi signalé avoir des réactions avec les comprimés de niacine, quelle que soit leur dose, y compris pour les comprimés à des doses plus élevées.

On a alors employé des comprimés de 100 mg jusqu'à ce que la dose de niacine atteigne 1000 mg, puis on a utilisé la niacine en poudre pour les doses plus élevées. Quand on fait cela, ou quand on prend la niacine en poudre uniquement, la dose doit être mesurée de façon exacte.

L'étiquette du récipient de niacine devrait comporter des instructions sur la façon de mesurer la quantité de poudre. Avec les marques qui ont été utilisées, une cuillère à café correspond à 3000 mg de niacine pure. Notez qu'il s'agit ici de mesure dans le système anglais des poids et mesures. Il faudrait donc se servir de la cuillère à café standard. Dans les régions du monde où le système métrique est utilisé (et où la taille des « cuillères à café » varie) la quantité équivalente d'une cuillère à café standard serait de 4,9 millilitres.

13

La Fin du Programme de Purification

13

La Fin du Programme de Purification

Que veut dire « Phénomène Final » ?

On pourrait dire que le phénomène final de toute action est composé des indicateurs qui sont présents lorsque cette action a été entièrement et correctement faite.

Le but du programme de Purification est tout simplement de nettoyer l'organisme d'une personne de toutes les impuretés qui se sont accumulées, telles que celles des drogues et des autres produits toxiques, par exemple, les conservateurs alimentaires, les insecticides, les pesticides, etc. Pour une personne qui a pris du LSD ou de la poussière d'ange (angel dust), cela veut aussi dire que le corps est débarrassé des cristaux résiduels.

Le phénomène final est atteint quand la personne s'est débarrassée de la présence restimulante des résidus de produits chimiques, drogues et autres substances toxiques prises dans le passé. Elle n'aura plus de restimulation sous l'effet de ces résidus et cela se traduit généralement par un sentiment de bien-être généralisé.

La Dose de Niacine à la Fin du Programme

D'après les résultats des recherches, certaines personnes ont terminé le programme avec des doses de niacine inférieures à 5000 mg. D'autres ont atteint cette dose avant de le terminer.

Il n'existe aucune règle disant qu'une personne doit aller jusqu'à une dose de 5000 mg de niacine avant de terminer le programme.

Comment Reconnaître la Fin du Programme

Au fur et à mesure qu'une personne progresse sur le programme de Purification et qu'elle débarrasse son organisme des toxines qui s'y sont accumulées, on devrait constater une amélioration à la fois de son bien-être physique et de la façon dont elle perçoit la vie en général.

Il est évident que si la personne ressent toujours les effets des restimulations de drogues ou de produits chimiques pris dans le passé, on ne peut pas considérer que le programme est terminé et il doit être poursuivi jusqu'à ce que toutes ces manifestations aient complètement disparu.

D'après les données accumulées, quand une personne progresse bien sur le programme, on peut constater qu'elle devient plus vive d'esprit et plus consciente. Elle commence à signaler exactement ce qui se passe, quelle substance se manifeste, quelles sont les impuretés et substances dont elle se débarrasse. Elle pourra généralement dire si elle a atteint son niveau de tolérance pour une vitamine. Toutes ces réactions sont valides pendant le programme.

Au fur et à mesure qu'une personne élimine tout ce qu'il y

a à éliminer, les manifestations sont plus faibles jour après jour, et elle atteint un point ou rien ne se produit. Elle a bonne mine et se sent remarquablement bien, plus gaie et plus alerte; elle a ressenti un progrès et, souvent, elle sait et dit qu'elle se sent libérée des résidus toxiques et de leurs effets restimulants (bien qu'elle ne le dise pas forcément dans ces termes exacts), et elle origine elle-même qu'elle a fini le programme. Quand tous ces facteurs sont présents, on peut être pratiquement certain qu'elle l'*a* fini.

La quantité de vitamines et de minéraux nutritifs, d'exercice et de sauna qu'il lui faut pour arriver à ce point lors du programme de Purification dépend de chaque personne.

Les Drogués et la Terminaison du Programme

Avoir pris des drogues ne prolonge pas forcément la durée du programme, bien que cela puisse le faire. Ce qui compte plus que tout est de maintenir tous les points du programme de façon standard, en maintenant un horaire personnel bien équilibré, avec suffisamment de repos et de nourriture, et en faisant les périodes d'exercice et de sauna recommandées, quotidiennement.

Avec un tel horaire, les personnes ayant des passés variés de drogues, certaines ayant pris des drogues dures, d'autres uniquement des drogues légères, ont terminé le programme en dix-huit à vingt jours, avec une base de cinq heures par jour, en atteignant des quantités de niacine (avec les vitamines et minéraux adéquats) variant selon les individus. Certains l'ont fait en moins de temps, d'autres en plus de temps.

Après la Terminaison du Programme

Une fois que le programme est terminé, il est sage de continuer de prendre les vitamines, les minéraux, l'huile, les légumes et le Cal-Mag, au moins selon les proportions quotidiennes recommandées et nécessaires, et en quantités équilibrées. Sans cela, une interruption soudaine de doses aussi fortes de vitamines peut provoquer un affaiblissement. Il est possible que la personne doive arrêter de les prendre progressivement, selon un gradient, plutôt que brutalement. Le corps en a besoin pour se reconstruire, particulièrement dans le cas où les drogues ont causé des dommages au cerveau et aux nerfs. Si on ne continue pas de prendre les composants nutritifs essentiels, on peut avoir le sentiment d'un affaiblissement.

Souvenez-vous que la personne a probablement mené une vie malsaine, avec une nourriture inadaptée, peu de sommeil et sans faire d'exercices. Ou, même quand ces facteurs de santé étaient bien en place, elle a été soumise aux produits polluants et aux toxines qui nous entourent tous les jours. Aussi est-il bon de lui recommander de s'astreindre à une certaine discipline pour ce qui est de la nourriture et de l'exercice afin de rester en bonne santé. De telles choses ne constituent pas une thérapie; c'est simplement du bon sens.

Notez que, lors de la terminaison du programme, on ne s'attend *pas* à ce que la personne arrête progressivement *tous* les éléments du programme, par exemple, moins de sauna, moins d'exercices, moins de vitamines, etc., chaque jour, jusqu'à un arrêt complet de ces actions.

La suggestion qui *est* faite est qu'il ne faut pas arrêter brusquement les quantités supplémentaires d'éléments nutritifs qui ont été prises, mais d'en prendre de moins en moins, selon un gradient, jusqu'à atteindre ce dont elle a besoin chaque jour, d'après les conseils de son médecin. Avec cela, un peu d'exercice quotidien peut l'aider à rester en bonne santé.

Continuer tous les éléments du programme de Purification

reviendrait à poursuivre le programme au-delà du point où il a été effectivement terminé, et cela n'est pas le but.

Que Fait-on Ensuite ?

Après terminaison du programme de Purification, la personne est à présent en bon état pour obtenir des gains optimaux des programmes d'amélioration mentale ou spirituelle.

Nous ne cherchons donc pas à continuer sans cesse le programme de Purification. Nous cherchons seulement à résoudre le problème de l'effet restimulant des dépôts de drogues et des résidus toxiques et de leur renforcement par les images mentales, et réciproquement. En rompant l'équilibre entre ces deux éléments et en traitant l'un d'eux avec le programme de Purification, nous libérons la personne pour pouvoir aborder l'autre aspect : celui des images mentales.

Cela est accompli à l'aide d'un autre programme, très différent.

Ce qui est important, cependant, c'est que la personne est alors prête car elle n'est plus prise dans l'interaction entre les enregistrements mentaux des effets des drogues *et* des dépôts résiduels de toxines qui ont eu des effets physiologiques.

Deuxième partie

Le Programme de Purification : Comment Mener à Bien ce Programme

1

Déroulement du Programme

1

Déroulement du Programme

La procédure décrite dans ce chapitre est basée sur l'expérience pratique acquise lors de l'étude et de la mise en place de la technologie du programme, ainsi qu'à partir de celle observée au cours de grands projets pilotes durant lesquels le programme a été délivré à plusieurs centaines de personnes. Cette procédure a pour but d'une part de définir de façon précise le déroulement du programme de Purification, et d'autre part de donner des informations essentielles à la personne qui le suit. Ces règles ne doivent ni être prises à la légère ni être méconnues.

Avertissement

Il se pourrait que des personnes en charge du programme soient tentées d'y introduire leurs propres marottes ou fantaisies. Ce faisant, elles s'éloigneraient d'une délivrance précise et correcte du programme.

Exemples : Donner des conseils basés sur leur propre opinion ou leur propre expérience. Ce qui aurait pour conséquence une altération des règles qui régissent la procédure. Introduire leurs idées sur une alimentation particulière ou un régime. Discriminer certaines vitamines par rapport à d'autres. Négliger l'importance de faire respecter l'horaire établi et permettre des irrégularités : un repos, un échauffement, une séance de sauna[1] insuffisants. Donner pour conseil de coupler la procédure de Purification avec d'autres procédés.

Il est important que les responsables du programme le délivrent en en respectant strictement la procédure. Si une personne rencontre des difficultés durant le programme, il est essentiel de vérifier si un conseil erroné de ce type lui a été donné par des amis bien intentionnés ou par des responsables qui ont en charge la partie purement administrative du programme.

Orientation du Participant

Étapes à suivre dans la préparation d'une personne qui va faire le programme de Purification :

1. L'informer qu'elle doit avoir un accord médical pour le faire, et ce après avoir passé un examen auprès d'un docteur en médecine diplômé et bien informé sur ce programme.

2. Lui exposer la théorie de base et les principaux éléments du programme.

3. S'assurer qu'elle comprend les règles à respecter, la nécessité de se tenir à un horaire régulier, de dormir suffisamment et de prendre correctement l'ensemble des vitamines.

4. S'assurer qu'elle comprend que ce programme n'est pas une médication et que les vitamines, huiles et minéraux

1. **sauna :** bain de chaleur sèche et de vapeur, d'origine finlandaise. Établissement où l'on prend ces bains.

pris durant le programme sont des éléments nutritifs, c'est-à-dire que ce sont des aliments et pas des médicaments ou des drogues.

5. Instruire la personne :

   a. la nécessité d'absorber une grande quantité de liquide pour rééquilibrer la perte qui se produit lors de la sudation dans le sauna.

   b. comment empêcher un épuisement dû à la chaleur et comment y remédier si cela se produisait.

6. L'informer sur ce qu'est la niacine, ses effets. Quelles réactions elle pourrait éprouver durant le programme et pourquoi, sans faire de promesses quant aux résultats.

7. S'assurer qu'elle comprend l'importance de mener le programme jusqu'à son terme une fois commencé.

8. Obtenir un engagement à suivre les instructions, à terminer le programme et à ne pas arrêter en cours parce que cela devient pénible, par paresse ou parce qu'elle a d'autres rendez-vous ou d'autres occupations.

9. Lui faire signer une décharge couvrant ce qui précède et qui stipule clairement qu'elle entreprend le programme de sa propre volonté, après avoir été complètement informée sur le but et le règlement qui régit le programme, et qu'elle le fait après avoir obtenu un accord médical.

Clarifier toute incompréhension que la personne pourrait avoir avant qu'elle ne commence et insister, dès le début, sur le fait que de suivre le programme de façon parfaitement standard est un facteur important qui lui permettra de le faire sans difficultés.

Nécessité de l'Accord Médical

Avant de commencer, à quelque stade que ce soit, le programme de Purification, le participant doit avoir passé un examen médical et présenter une autorisation médicale écrite, délivrée par un médecin diplômé et qui a été documenté sur le programme.

Cet examen doit inclure la vérification de la tension artérielle et la recherche de tout symptôme pouvant révéler une faiblesse cardiaque ou une anémie. Le médecin doit également vérifier que la personne ne présente pas de carences vitaminiques ou minérales, et s'il y en a, il indiquera quelles vitamines et quels minéraux la personne doit prendre pour remédier à cette déficience, en complément au régime vitaminique et minéral requis sur le programme.

Les personnes présentant des conditions physiques qui ne leur permettent pas de suivre le programme de Purification tel qu'il est délivré (c'est-à-dire toute personne présentant une faiblesse cardiaque, une anémie ou même certains problèmes rénaux) peuvent éventuellement suivre un programme similaire, mais plus léger.

Grossesse et Allaitement Maternel

Les femmes enceintes ne doivent pas être acceptées sur le programme de Purification. Durant la grossesse, il se produit une certaine quantité d'échange de liquides entre la mère et le fœtus par le placenta. Des toxines inactives jusqu'alors peuvent être libérées durant le programme. Quelques–unes de ces toxines, au lieu d'être éliminées, pourraient soumettre le fœtus à leurs effets, alors que même présentes mais non libérées, elles ne l'affecteraient pas. Il n'y a aucune raison de prendre ce risque.

Il en va de même pour les mères qui allaitent leur enfant au sein. Le programme ne pourra être suivi qu'après sevrage du bébé, les toxines pouvant être transmises à l'enfant par le lait maternel.

Le programme de Purification pourra être suivi par la mère après la naissance de l'enfant et après tout examen médical qui déclarera que la mère est en bonne santé et qu'elle est capable de suivre le programme. Dans le cas d'allaitement au sein, le programme ne devra être entrepris qu'après complet sevrage du nourrisson et donc qu'après qu'il soit passé au biberon.

Tests

On peut faire passer une série de tests à la personne avant et après le programme de Purification. Cette série comprend le test de personnalité, le test de Q.I., tout test disponible pour mesurer l'aptitude à l'étude et d'autres qui donnent une image de la personne « avant et après » le programme.

Ces derniers révèlent souvent des changements spectaculaires intervenus chez la personne durant le programme (bien au-delà de ceux énoncés par la personne elle-même).

Les autres données à recueillir avant que la personne ne commence le programme incluent évidemment l'historique des drogues, des médicaments ou alcool qu'elle a pris, son poids, sa tension artérielle, tout problème physique particulier, toute angoisse et des informations concernant son état de santé général.

Le Superviseur des Cas affecté au programme *doit* la surveiller et la diriger attentivement et journellement, et ce à partir du rapport remis par le participant lui-même ainsi qu'à partir d'une observation directe, selon les besoins.

Pendant le programme la personne prend chaque jour ses vitamines, y compris la niacine, les minéraux et l'huile, et à la fin de sa séance — course ou échauffement et sauna — elle remet un rapport écrit dans lequel elle consigne ses progrès. Ces informations sont portées sur un formulaire qui lui est fourni et qui comporte une liste de contrôle d'items qui doivent être commentés. Le formulaire du rapport journalier doit comporter, au moins, les données suivantes :

1. Temps passé à la course ou à l'échauffement.

2. Temps passé dans le sauna/temps de sudation.

3. Vitamines prises et la quantité.

4. Quantité de niacine absorbée (en milligrammes).

5. Minéraux pris et la quantité.

6. Nombre de verres de Cal-Mag bus.

7. Prises de sel, de potassium ou de bioplasma éventuelles et les quantités.

8. Quantité d'eau ou d'autres liquides absorbés (liquides autres que le Cal-Mag).

9. Poids ce jour-là (joindre une note en cas de toute prise ou perte de poids).

10. Toute somatique, restimulation, sensation, émotion, changement physique ou autre changement, tout évènement particulier.

11. Changement positif noté ce jour-là.

Un dossier individuel doit être maintenu pour chaque participant. Le rapport journalier est remis à l'Administrateur du programme qui le lit avec le participant, afin de s'assurer que tous les points du programme soient bien respectés. L'Administrateur met ensuite le rapport dans le dossier du participant et l'adresse au Superviseur des Cas du programme.

Étroite Supervision Journalière

Le Superviseur des Cas du programme doit vérifier les progrès journaliers de chaque personne et viser le rapport établi par elle et tout rapport médical, après les avoir étudiés. Il indique par écrit les corrections à apporter à toute mauvaise application d'un point quelconque du programme, par exemple négliger de prendre les vitamines, ne pas assez dormir etc., tout en donnant son point de vue sur l'augmentation ou pas des vitamines et des minéraux.

Le dossier revient chez l'Administrateur du programme qui voit directement avec le participant les modifications qui doivent être apportées. Par exemple l'augmentation des dosages de niacine ou d'autres vitamines ou ceux des minéraux. L'Administrateur conseille le participant d'après les indications du Superviseur des Cas, veille à ce que la personne reprenne un horaire correct si elle s'en est écartée, s'assure que toute erreur est corrigée et répond à toutes les questions que le participant pourrait avoir à n'importe quel moment du programme.

Une administration correcte doit inclure le fait de s'assurer que le participant ne s'échauffe ou ne court jamais seul et qu'il n'entre pas dans le sauna s'il n'y a personne, mais qu'il fait bien toujours ces actions avec un partenaire.

Une supervision étroite inclut également le fait de demander à la personne de vérifier sa tension artérielle à intervalles réguliers durant le programme ou de lui demander de repasser une visite médicale quand cela s'avère nécessaire.

2

Sevrage des Drogues

2

Sevrage des Drogues

Le programme de Purification ne doit pas être délivré aux personnes qui sont sous l'effet des drogues, bien qu'elles soient parmi celles qui en ont le besoin le plus urgent. Il faut donc établir un programme de sevrage qui sera suivi par ces personnes avant de pouvoir commencer le programme de Purification.

Ce programme devrait être essentiellement à base de vitamines et bien sûr sans nouvelles drogues.

En complément de ce programme, des conseils techniques légers (procédés objectifs[1]) mis au point dans les années 50 pour extravertir l'attention de la personne, se sont avérés efficaces pour aider les gens à passer au travers de l'étape de sevrage sans trop de douleur.

D'autre part, et en plus de l'utilisation du Cal-Mag, dans

1. **Procédés Objectifs :** procédé de consultation qui aide la personne à regarder ou à placer son attention sur son environnement. *Objectif* fait allusion aux choses extérieures, pas les pensées ou les sentiments d'un individu. Le Procédé Objectif a trait à ce qui est réel et observable. Il demande à la personne de repérer ou de trouver quelque chose d'extérieur à elle-même. Les Procédés Objectifs aident la personne à se localiser dans son environnement, à établir avec celui-ci une communication directe, et mettent une personne dans le temps présent, ce qui est un facteur très important de la santé et de l'aptitude mentale et spirituelle.

les métabolismes, qui fait partie du programme de Purification, le calcium et le magnésium permettent d'aider une personne à surmonter les symptômes dus au sevrage.

Symptômes de Réaction au Sevrage

Quand une personne veut arrêter de prendre des drogues dures, ce qu'il y a de plus difficile à surmonter ce sont les réactions dues au sevrage que l'on appelle « la période de sevrage ». Ce sont des réactions aussi bien physiques que mentales. Elles sont horribles. Aucun tortionnaire n'en a jamais imaginé de telles. Elles provoquent des convulsions. Cela peut aller si loin que le toxicomane en est effrayé et qu'il renonce au sevrage. La réaction peut également provoquer la mort.

Avant que les procédés de sevrage ne soient établis, un toxicomane rencontrait le problème suivant :

a. Rester dépendant, piégé, souffrant sans fin,

b. Essayer de s'en libérer et ce faisant en être si atrocement malade qu'il ne pouvait pas le supporter.

Il était ainsi confronté au dilemne de rester dépendant et de souffrir ou de tenter de s'en détacher et de souffrir.

Jusqu'à présent la médecine n'a pas résolu ce problème de manière satisfaisante et la psychothérapie ne l'a pas résolu non plus.

Comment Sevrer

Il existe heureusement maintenant trois manières pour résoudre ce problème :

1. Des processus Objectifs légers qui peuvent atténuer les effets du sevrage graduel et le rendre possible.

2. Une thérapie alimentaire — vitamines et minéraux en quantité suffisante — aide au sevrage.

3. Le calcium et le magnésium contenus dans la formule de Cal-Mag.

Les symptômes de réaction au sevrage pouvant être si terribles et le monde médical et psychiatrique ayant échoué à les traiter, qu'il est bon que toutes les données sur l'utilisation de la formule de Cal-Mag soient largement connues.

L'utilisation du Cal-Mag, au stade expérimental au début des années 70 et qui a pour but d'essayer de soulager ces symptômes, a depuis longtemps dépassé ce stade. Le Cal-Mag a été utilisé très efficacement durant la période de sevrage pour atténuer et contrecarrer les convulsions, les spasmes musculaires et les violentes réactions nerveuses éprouvés par un toxicomane en cours de sevrage. Le succès de son application dans les centres de réhabilitation des toxicomanes, comme par exemple Narconon, est maintenant bien établi. Le Cal-Mag a été déclaré efficace dans le sevrage de tout type de drogues, son efficacité étant tout particulièrement remarquable dans les cas de prise de méthadone[2] et d'héroïne.

La méthadone attaque la moëlle et les os et il est courant d'observer un déficit sévère en calcium chez les personnes qui prennent de la méthadone, manque caractérisé par de fortes

2. **méthadone :** un narcotique synthétique, similaire à la morphine mais qui est efficace oralement, utilisée dans le soulagement de la douleur et en tant que substitut à l'héroïne dans le traitement de la dépendance de l'héroïne. La méthadone échoua en tant que « solution » au problème de dépendance de l'héroïne car les gens devenaient alors dépendants de la méthadone.

douleurs articulaires et osseuses, par des problèmes dentaires et capillaires. Procurer du calcium à l'organisme (dans une solution acide dans laquelle il peut être efficace), accompagné de magnésium pour son action sur les nerfs, permet de soulager ces états.

Il a été rapporté qu'en utilisant le Cal-Mag, on pouvait gagner de deux à trois semaines sur le temps nécessaire au sevrage d'une personne sous méthadone, comparé à celui nécessaire sans son utilisation. Ceci peut également s'appliquer au sevrage d'autres drogues.

Étant donné que les drogues ou l'alcool détruisent rapidement la vitamine B_1 dans l'organisme, le fait de prendre beaucoup de B_1 journellement lors du sevrage permet d'éviter les convulsions qui souvent accompagnent cette carence. À la B_1, on doit bien évidemment adjoindre d'autres dosages de vitamines afin de maintenir un bon équilibre nutritionnel. En conséquence, des quantités suffisantes de Cal-Mag sont nécessaires, tant pour prévenir des carences en minéraux qui ont été provoquées, que pour réaliser ses prodiges dans le soulagement et l'allègement des angoisses qui accompagnent le sevrage.

1 à 3 verres de Cal-Mag par jour, avec ou après les repas, *remplace bien n'importe quel tranquillisant* et en plus n'a pas les effets toxiques des tranquillisants (qui sont meurtriers).

Étant donné que le calcium et le magnésium sont des minéraux, et non des médicaments, on n'ajoute pas d'effets médicamenteux à ceux déjà subis par la personne. Mieux, ce que l'on fait est de fournir ces minéraux, qui à coup sûr font défaut dans de tels cas, et on aide à soulager les effets angoissants produits par ces carences.

3

Précisions Complémentaires sur la Nutrition et l'Horaire Personnel

3

Précisions Complémentaires sur la Nutrition et l'Horaire Personnel

Ce chapitre contient des données recueillies lors d'une vaste enquête et d'un examen de cas dans les domaines où le programme de Purification a été délivré avec succès depuis sa mise en place.

Importance de la Nutrition

Il est apparu, au travers des données de l'enquête, combien l'apport journalier en vitamines, minéraux, huile, Cal-Mag et végétaux était important. Il en est de même pour le rôle que ces éléments nutritionnels jouent dans le maniement des effets traumatisants[1] provoqués par la réactivation de drogues ou d'autres toxines.

Il a été observé, dans chaque domaine, qu'omettre de prendre un de ces compléments durant le programme, lésiner sur leur quantité ou les prendre irrégulièrement, contrairement aux règles

1. **traumatisant :** détresse; trouble émotionnel.

de la procédure, pouvait provoquer ou aggraver des carences. Leurs effets se feraient alors sentir et apparaîtraient de diverses façons : fatigue rapide, manque d'énergie, estomac douloureux, nausées, une sensation générale de malaise pouvant aller jusqu'à tomber réellement malade, pour n'en nommer que quelques-unes.

Toute omission de ces éléments standard provoque une interférence dans le cours et le but de la procédure.

Beaucoup, beaucoup de cas ont déclaré avoir terminé avec succès la procédure en suivant à la lettre les augmentations nutritionnelles en vitamines et en minéraux dans le cadre des quantités indiquées dans les données issues des recherches.

Il est souvent rendu compte qu'il a été également utile d'avoir une bonne connaissance des livres sur la nutrition, écrits par Adelle Davis, déjà mentionnés dans ce texte : « *Let's Eat Right to Keep Fit* », « *Let's Get Well* », « *Let's Cook It Right* », « *Let's Have Healthy Children* » (tous publiés chez Harcourt, Brace Jovanovich, Inc. 737 Third Avenue, New-York, NY 10017). Ils font partie des compilations les plus utiles et les plus populaires dans les domaines de l'alimentation et de la biochimie, publiées à ce jour.

Ne pas Passer Outre les Tolérances Individuelles

Là où les tolérances individuelles ont été prises en considération et, où tout déséquilibre ou carence vitaminique a été manié conformément aux règles de la procédure, les quantités indiquées à partir de la recherche d'origine ont été déclarées être très efficaces pour la plupart.

Dans les endroits où la procédure a été délivrée avec succès les originations[2] du participant concernant sa tolérance ou ses réactions à certaines vitamines absorbées ont toujours été prises en considération et une solution correcte a été trouvée, conforme à la théorie et aux facteurs de la procédure issue des travaux de recherche menés à l'origine.

Dans les compte-rendus de cas où la personne présentait quelques difficultés et où la cause réelle était un déséquilibre nutritionnel, l'ajustement correct de la quantité de vitamines et de minéraux conduisait invariablement à une amélioration.

Mais il était nécessaire de déterminer *tout d'abord* si la personne *prenait* réellement les vitamines et autres éléments nutritionnels qu'elle était censée prendre et en quelle quantité, ou si elle ne les prenait qu'occasionnellement.

Responsabilité du Participant

La responsabilité d'informer les responsables du programme sur ses actions journalières et sur les résultats, incombe à la personne qui a entrepris la procédure.

Toutes les données recueillies indiquent qu'il n'est pas inhabituel, à certains moments de la procédure, qu'il y ait des protestations légères quant aux quantités de vitamines qui doivent être prises. Ces protestations ne portent pas sur les résultats ou les bénéfices retirés, mais simplement sur les quantités à avaler. La niacine étant prise en une seule fois, il a été remarqué qu'il était plus facile et acceptable de prendre les autres vitamines de façon étalée dans la journée, après les repas ou

2. **origination :** des communications originées par la personne elle-même, la concernant. Exposition des idées qu'une personne a sur elle-même, par elle-même.

avec un en-cas. Un médecin a suggéré que l'assimilation des aliments recommandés se faisait mieux de cette façon. Il faut faire exception à cela dans le cas où une ou plusieurs vitamines ou minéraux doivent être pris à des intervalles réguliers, sur recommandation du médecin.

Les « Régimes » et la Procédure

Un élément d'information a également été donné sur le fait qu'il y a un facteur caché à rechercher si une personne éprouve une difficulté et ce facteur est que la personne ne mange pas, se contentant d'absorber seulement les vitamines, la niacine et un yaourt. Ou elle a modifié de façon majeure ses habitudes alimentaires. Cela a été découvert dans une zone et a expliqué complètement pourquoi la personne avait des problèmes sur la procédure. On y a remédié en faisant prendre à la personne, des repas réguliers et équilibrés.

Des Conseils Hors Sujets Peuvent Faire Échouer le Programme

Des transgressions telles que celles indiquées plus haut, ont souvent révélé avoir pour origine l'échange de conseils hors sujet entre participants. Ce point doit être surveillé afin de s'assurer que le programme est suivi conformément à ses règles et non suivant une interprétation ou une expérience personnelle.

Questions et Réponses sur l'Horaire Personnel

Le programme peut-il être mené de façon satisfaisante à raison de moins de cinq heures par jour ? Là ou les circonstances ne permettaient pas honnêtement aux personnes de faire le programme cinq heures par jour, on l'a essayé sur un temps plus court.

Il s'est avéré que le programme pouvait être mené de façon efficace par quelques cas avec moins de cinq heures par jour, *à condition que la personne ressente un changement et une amélioration* sur cet horaire plus court.

Les horaires plus courts allaient de quatre à deux heures et demie par jour au mimimum, temps de course ou d'échauffement et de sauna inclus. Ce temps était alors divisé en vingt ou trente minutes de course et le temps restant était passé dans le sauna.

Les mêmes gradients s'appliquaient quand la personne suivait ou commençait un horaire journalier de deux heures trente, comme pour tout autre horaire.

L'accord du Superviseur des Cas doit être obtenu pour pratiquer un horaire plus court, car d'autres facteurs entrent en ligne de compte. Tout avis médical ou ordre à la personne d'avoir un horaire plus court doit être respecté.

Le programme peut, et cela a souvent été le cas, durer plus longtemps en pratiquant un horaire journalier réduit, mais les résultats de l'enquête montrent qu'il peut être fait de manière satisfaisante pour un bon nombre de personnes en y passant deux heures et demie par jour au minimum, *sous réserve que tous les autres points du programme soient suivis à la lettre.*

L'importance du passé, médicaments – drogues, est-elle un facteur dans le temps passé journellement sur le programme ? Pour ce qui est de toutes les données issues de la recherche et de l'enquête, et rassemblées jusqu'à présent, et qui sont assez considérables, l'importance du passé, médicaments – drogues, est un facteur déterminant du temps quotidien, qu'une personne devra passer à suivre la procédure.

Les enquêtes montrent sans l'ombre d'un doute que les

personnes ayant un lourd ou même un passé moyennement lourd de médicaments – drogues, tirent plus de bénéfices de l'horaire journalier de cinq heures. Ceci peut s'appliquer tant aux personnes ayant un lourd passé dans les médicaments, qu'à celles ayant un passé dans les drogues dures de la rue.

Il est des compte-rendus qui mentionnent des personnes ayant un lourd passé dans les « drogues dures » qui, bien qu'elles semblaient progresser au début de leur horaire journalier de deux heures trente (avec quelques phénomènes apparaissant puis se dissipant) n'ont en fait vu de vrais voyages « trips » restimulés et n'ont pu passer au travers qu'à partir du moment où elles ont été mises sur l'horaire journalier de cinq heures.

D'autres rapportent que si quelque chose se produisait alors qu'elles se trouvaient dans le sauna, elles se faisaient une règle d'y rester le temps prévu (n'en sortant que brièvement pour prendre de l'eau, du sel ou du potassium ou pour se rafraîchir) jusqu'à ce que la manifestation disparaisse, après quoi elles sortaient fraîches et en forme. Ces mêmes personnes indiquaient que si elles réduisaient le temps passé dans le sauna parce que quelque chose de désagréable se produisait, et qu'elles en ressortaient parce qu'elles se sentaient mal ou engourdies, le temps pour passer au travers de cette manifestation était plus long.

Les personnes au passé très léger en médicaments - drogues, ont également indiqué qu'elles se sentaient plus calmes, plus vives et plus allègres après un temps suffisamment long passé dans le sauna pour leur permettre de passer au travers de toute restimulation ou de tout inconfort qui avait pu ressurgir.

Tout parle en faveur du fait de faire suivre un horaire qui permettra à la personne de manier ces facteurs. Il s'est avéré particulièrement important pour celles ayant un lourd ou un passé moyen en « drogues dures » d'avoir un horaire bien approprié, leur permettant d'obtenir un gain optimal et d'atteindre le phénomène final attendu.

Qui décide de l'horaire ? Pour toute question concernant l'horaire journalier, c'est le Superviseur des Cas qui juge et décide de celui qui doit être suivi.

Lorsqu'une personne suit un programme médical particulier, les avis du médecin concernant l'horaire devront être respectés.

La première chose à prendre en compte en ce qui concerne l'horaire, est de viser un gain maximum pour la personne qui, dans la mesure du possible, fera cinq heures par jour. La majorité des personnes qui ont fait la procédure ont suivi cet horaire.

Pour les cas où un horaire journalier réduit était effectivement nécessaire pour obtenir de meilleurs résultats sur certaines personnes, cet horaire a été déterminé en conséquence.

Dans les cas où des personnes disposaient réellement d'un temps limité, elles ont été dirigées sur l'horaire de deux heures trente minimum, car il était plus important pour elles de pouvoir le faire que pour nous de le refuser. Il était toutefois nécessaire de s'assurer que chaque personne pouvait faire et faisait des progrès sur l'horaire réduit si elle le maintenait. Si tel n'était pas le cas, elle devait être dirigée sur un programme personnalisé.

Quelques personnes qui avaient commencé avec un horaire réduit demandèrent plus tard à passer sur celui de cinq heures. Il y a eu également des cas où des personnes sur l'horaire réduit avaient de fortes restimulations qu'il n'était pas possible de réduire dans ce temps limité et qui, dès qu'elles passaient sur l'horaire de cinq heures par jour progressaient remarquablement mieux. Cela peut arriver, semble-il, avec des personnes qui avaient été sous l'influence de drogues de la rue ou de drogues médicamenteuses. Ceci est à garder présent à l'esprit. Les cas de drogues dures étaient mis, dès leur arrivée sur le programme, sur l'horaire de cinq heures dans toute la mesure du possible.

Le mot de passe était, là encore, le gradient correct, comme il l'est pour tous les autres aspects du programme.

La supervision des cas sur le programme ne doit pas être faite de façon robotique mais toujours en fonction de chaque personne, en veillant à ne jamais la pousser à faire plus, ou à aller plus vite qu'elle ne le peut. Ne pas respecter cette donnée serait une violation de la technologie du programme et une violation des gradients qui en font partie.

La façon de faire la plus efficace fut de déterminer un horaire qui lui permette de faire des gains et de la rendre capable de traverser ce qui pouvait surgir, puis de veiller à ce qu'elle se tienne à cet horaire, *de préférence toujours à la même heure chaque jour*. La régularité de l'horaire joue un rôle important pour ce qui est de mener le programme à bonne fin, de façon efficace et agréable.

Horaires Irréguliers

Un des facteurs tout particulièrement étudié lors de l'enquête, a été de vérifier s'il y avait ou non une durée limite à ne pas dépasser dans le sauna et commune à toutes les personnes (dans le cadre des cinq heures conseillées), limite au-delà de laquelle la personne ressentirait de la fatigue et obtiendrait moins de satisfaction au cours du temps restant.

Par « moins de satisfaction » nous voulons dire que rien ne se passe, mais que la personne « est censée continuer » alors qu'elle est fatiguée et qu'elle a le sentiment qu'elle a fait tout ce qu'elle a pu pour ce jour-là.

Dans les cas où le programme avait été suivi tout à fait correctement, ce type de fatigue n'était pas apparu avant l'expiration des cinq heures (nous parlons là de la fatigue due au temps passé dans le sauna). Plusieurs cas ont indiqué avoir ressenti de la fatigue due à la restimulation de l'effet des drogues; etc., mais ils ont été capables d'en reconnaître l'origine et de la traverser dans le cadre de l'horaire de cinq heures.

Cependant un certain nombre de personnes ont indiqué avoir ressenti de la fatigue durant ce temps de cinq heures passé dans le sauna et ne plus avoir fait de gains à compter du moment où elles la ressentaient. L'horaire journalier limite indiqué était très variable selon les individus, allant de quatre heures à deux heures trente ou moins. L'historique des drogues de la personne ne semblait pas être un facteur déterminant, ces indications provenant aussi bien de cas ayant un lourd passé, un passé moyen ou aucun passé concernant la prise de drogues, de médicaments ou autres.

Ces cas ont été examinés attentivement et après que toutes les données utiles aient été étudiées, il s'est avéré que la procédure standard n'avait pas été respectée.

Les irrégularités relevées étaient (dans l'ordre de fréquence) :

a. Pas assez de sommeil.

b. Prises de sel, de potassium ou de bioplasma insuffisantes durant le temps passé dans le sauna ou avant la course, *ou* une combinaison de a et b.

c. Avoir omis de prendre des vitamines ce jour-là, ne pas avoir respecté les moments auxquels les vitamines et minéraux devaient être pris ou les avoir pris irrégulièrement.

d. Une carence en vitamines ou en minéraux non détectée et / ou non traitée.

Pour ces personnes, la correction de ces facteurs a eu pour conséquence une progression plus régulière et de meilleurs résultats.

Réactions

Dans le meilleur des cas, n'importe lequel des facteurs ou omissions mentionnés ci-dessus avait pour résultat une personne se fatiguant trop vite, ressentant un malaise inutile, obtenant des gains limités et prolongeant le programme inutilement. Apparemment, le programme semblait ne pas marcher alors qu'en réalité il n'était pas suivi correctement.

Quand une personne, *quel que soit* son horaire, signale dans son rapport qu'elle est fatiguée à partir d'un certain moment, qu'elle obtient peu ou pas de gains à partir de ce moment-là, il faut alors déterminer si un réajustement de son horaire journalier est nécessaire. Mais, ainsi qu'on l'a découvert, il faut *en plus et toujours* vérifier attentivement ce que la personne faisait sur chaque section du programme et rectifier toute irrégularité.

Que la personne suive un horaire journalier maximum ou minimum, toute irrégularité aux autres aspects du programme entraîne des gains moindres jusqu'à ce qu'elle soit rectifiée.

Interruption du Programme

Des actions régulières sont très certainement le plus important facteur qui ait été relevé en ce qui concerne un déroulement harmonieux du programme pour la personne et ce qui permet de le terminer avec succès. Ceci inclut une régularité tant en exercice, qu'en temps passé dans le sauna, qu'en alimentation et qu'en repos.

Toute transgression d'un point du programme a pour conséquence de mettre aussi les autres en déséquilibre, ou tout au moins cela paraît ainsi, et son effet pourrait dérouter le Superviseur des Cas du programme ou le médecin ou d'autres personnes en charge de la supervision du programme.

À première vue et à partir des données recueillies dans les rapports et au cours de l'enquête, dès que les gens, pour qui tout allait bien jusqu'alors, commençaient à sauter un jour ici ou là, à ne pas dormir suffisamment, à bâcler l'horaire journalier, il apparaissait une perturbation plus ou moins grande. Leurs rapports mentionnaient qu'ils se « sentaient mal » ou qu'ils étaient « mal fichus » et parfois ils tombaient vraiment malades. Cela se passait toujours après qu'ils aient dévié ou transgressé la routine. Lorsqu'un tel cas se produisait, le malaise ou la perturbation était beaucoup plus grave chez les personnes ayant pris beaucoup de drogues dans le passé.

Une explication possible à cela est que le processus avait été interrompu et que la drogue et autres effets toxiques s'accumulaient au lieu d'être éliminés régulièrement comme ils l'étaient lorsque la personne respectait l'horaire. Par conséquent, la personne subissait une accumulation des effets restimulants des substances toxiques, et ce à un degré difficilement supportable par elle. Cela pouvait aller en s'aggravant si elle continuait à pratiquer un horaire irrégulier. La solution était de mettre ou de remettre la personne sur un ensemble d'actions journalières bien organisées et de les lui faire respecter jusqu'à la fin du programme.

Ce sur quoi nous avons mis l'accent dans ce qui précède, comme dans tous les points du programme de Purification, c'est qu'il incombe à la personne de suivre les règles habituelles et généralement acceptées pour se maintenir en bonne santé. Faisant cela, elle sera alors dans la meilleure condition possible pour en retirer tous les bénéfices qu'elle pourra en obtenir.

4

Questions et Réponses Concernant la Fin du Programme

4

Questions et Réponses Concernant la Fin du Programme

Au cours d'une grande enquête menée plusieurs mois après que le programme de Purification ait été délivré, la terminaison sans équivoque du programme fut un des points qui demandaient des précisions. Celles-ci sont relatées ici, afin que ces informations soient connues de tous.

Réaction à la Niacine à la Fin du Programme

Une des questions les plus courantes était :

Peut-on considérer le programme comme terminé, si la personne semble avoir atteint le phénomène final, qu'elle n'est plus sujette à aucune manifestation ni aucun autre changement, alors qu'elle continue d'avoir une légère réaction avec 5000mg de niacine ?

Dans ce cas, il se peut que la personne soit bloquée sur quelque transgression commise au début du programme. Une revue complète de son dossier de procédure la ferait apparaître. On vérifierait tout spécialement le point concernant les minéraux et les vitamines, on s'assurerait que les dosages étaient corrects et équilibrés et que le programme a été délivré et suivi à la lettre et régulièrement.

Le participant pourrait également être interviewé et l'on pourrait découvrir qu'il a commis des transgressions au régime alimentaire, du genre « n'aime pas les légumes et n'en mange pas », qu'il avait des difficultés à prendre l'huile et donc qu'il omettait de la prendre ou d'autres omissions de ce genre.

En d'autres termes, des points du programme ont pu être transgressés et cela pouvait se traduire par la manifestation décrite ci-dessus. On peut arriver à cette situation si le programme n'a pas été suivi à la lettre tout au long de son déroulement.

Il se peut qu'il souffre d'une carence qui est passée inaperçue donc non traitée, et qui, de par ce fait a provoqué un manque d'élimination. Ce dont il s'agit, dans ce cas, c'est que la carence éventuelle, non traitée, empêche une élimination complète des résidus toxiques.

Si le dossier montre une anomalie, il sera demandé un examen médical afin de déterminer si une telle carence existe et si oui on devra y remédier. Une fois cela fait, et après s'être assuré que le programme est repris et suivi à la lettre, le phénomène final devrait être atteint. Il ne faut toutefois pas négliger le fait que la personne peut avoir tout simplement encore besoin de continuer le programme.

« Trop Longtemps »

Il existe une autre possibilité. C'est peut-être la plus commune. La personne a atteint le phénomène final, l'a dépassé et donc fait « trop longtemps » l'action. Si elle a suivi le programme de façon standard et qu'elle a manifesté plus tôt, des signes indiquant le phénomène final mais qu'ils n'ont pas été reconnus et qu'ils n'ont pas été validés, il y a toutes les chances pour qu'elle ait terminé le programme malgré le fait qu'elle présente encore de légères réactions à la prise de 5000mg de niacine.

Il est possible de faire « trop longtemps » le programme si la personne ne connaît pas bien les indicateurs du phénomène final. Il y a eu des cas de « trop longtemps » lorsque la personne était maintenue à 5000mg (5g) de niacine durant quelques semaines, sans avoir pour autre réaction qu'une légère rougeur due à celle-ci. Il y a eu des cas similaires de « trop longtemps » qui sont apparus avec moins de 5000mg de niacine.

Si la personne atteint et dépasse le moment où le programme est considéré comme étant terminé (tous les résidus de drogues et toxiques ayant été éliminés), il se peut qu'elle se mette à dramatiser[1] une rougeur comme celle provoquée par la niacine. Cette condition tend à persister car on ne l'a pas reconnue ni signalée. Ceci n'est qu'une hypothèse d'explication de ce qui cause ce phénomène. Elle s'appuie sur l'étude approfondie de plusieurs cas qui avaient dépassé le phénomène final et qui avaient effectivement connu un « trop longtemps ».

Après que la personne ait suivi le programme pendant un certain temps, qu'il s'est opéré en elle des changements appréciables et qu'elle présente les indicateurs du phénomène final, lui faire continuer le programme pendant six ou sept jours, alors qu'elle n'obtient plus de nouveaux effets, quelle que soit la dose, constitue vraiment un « trop longtemps ». Chez certains de ces cas, il apparaît que 5000mg de niacine ont le même effet que 3000mg.

1. **dramatiser :** refaire une action qui est arrivée à quelqu'un par expérience; rejouer maintenant quelque chose qui s'est produit alors. *Dramatisation* est la duplication par une personne dans son environnement du temps présent du contenu d'une image mentale, en entier ou partiellement. Le degré de dramatisation est en rapport direct avec le degré de restimulation des images mentales qui le provoque. Quand un individu dramatise, il est comme un acteur jouant une partition imposée et passant par toute une série d'actions irrationnelles. Voir également **image mentale** et **restimilation** dans le glossaire.

Je le répète, le phénomène final peut être atteint et a été atteint avec 5000mg de niacine et avec des doses inférieures à 5000mg. Une fois que les drogues et les produits toxiques sont éliminés, ils sont éliminés. La personne notera la différence. Augmenter le dosage n'implique pas nécessairement que l'on trouvera d'autres choses à éliminer. Faire continuer la personne au-delà du phénomène final peut provoquer une « stagnation » ainsi qu'un léger effet de dramatisation de façon sporadique, et parfois à chaque fois que la personne prend de la niacine.

Cela peut mettre la personne et les responsables chargés du programme dans la confusion. Si le « trop longtemps » se poursuit, la personne devient moins alerte, ne serait-ce que légèrement. Elle est un peu moins radieuse et risque de se décourager. Il se peut qu'elle s'efforce de produire des résultats, alors qu'elle n'en a plus à produire et qu'elle commence à trouver que l'action est interminable. La personne va certainement être moins enthousiaste quant au programme et peut commencer à protester contre lui. On a maintenant l'impression que le programme n'est pas terminé alors qu'en fait la personne a atteint le phénomène final. Elle avait atteint un point où elle se sentait merveilleusement bien, où elle n'avait plus aucune manifestation (ne serait-ce que pendant une journée), mais tout cela n'a pas été validé et on a passé outre. C'est alors qu'apparaît le phénomène de « trop longtemps ». Il s'agit alors de valider la terminaison du programme pour la personne et d'y mettre fin.

Le « trop longtemps » peut aussi se produire d'une autre façon. Un Superviseur de Cas du programme a rapporté avoir eu des cas où la personne présentait tous les indicateurs du phénomène final en en ayant pleinement conscience, mais où elle voulait quand même continuer « un petit jeu, juste pour être sûre ». En ayant reçu l'autorisation, ces cas tombèrent rapidement dans le phénomène de « trop longtemps ». Ils n'obtenaient plus de changements et ressentaient une sorte de découragement. Dans chacun de ces cas, le phénomène final avait été effectivement atteint au moment où la personne avait dit l'avoir atteint.

Il apparaît donc que sur le programme de Purification, il n'est pas bon de continuer après avoir atteint le point du phénomène final dûment reconnu. Si cela devait arriver, ce serait tout simplement manié. On demanderait à la personne de repérer elle-même le moment exact ou elle *l'a* atteint, puis on validerait cela tout en mettant fin au programme.

Une autre question qui est revenue fréquemment est la suivante :

Qu'est-ce qui expliquerait qu'une personne qui a vraiment terminé le programme sans réaction à la niacine avec 5000mg (ou moins) obtienne plus tard une réaction avec des doses de niacine plus faibles ?

Cette réaction postérieure au programme, alors qu'elle *l'a* suivi à la lettre jusqu'à son phénomène final, ne signifie pas que le programme n'est pas terminé.

Pour comprendre cette réaction, il est nécessaire d'avoir une bonne connaissance du mécanisme des images mentales. Ce qui s'est précisément produit dans ces cas est très variable, mais ce à quoi on a à faire ici, en général, est le même type de restimulation produit par un changement d'environnement.

Explication : nous vivons dans un univers à deux pôles, un univers à deux terminaux. Il faut deux terminaux, un positif et un négatif pour produire de l'électricité. Les aimants sont un autre exemple de l'aspect « double terminal » de cet univers : chaque aimant a un pôle nord et un pôle sud qui s'attirent l'un l'autre et qui créent un champ magnétique. Ce phénomène peut être observé dans le fonctionnement du mental également : les images mentales d'une personne n'agissent pas sur elle de façon continue par elles-mêmes. Cela ne se produit que lorsqu'une de ces images mentales a été restimulée par un facteur de l'environnement direct qui ressemble à une partie de cette image mentale.

Il faut une situation à deux terminaux pour « accrocher » quelque chose. Dans le programme de Purification, nous observons une situation double : d'une part les résidus de drogues et de produits toxiques dans le corps et d'autre part les images mentales de l'individu sur les drogues, les substances biochimiques et leurs résidus, et les expériences qu'il a vécues au travers de leurs effets.

Ainsi qu'il a été traité dans un chapitre précédent de ce livre, les deux conditions sont en parfait équilibre, s'opposant l'une l'autre.

Sur le programme de Purification, nous rompons cet équilibre en expulsant les dépôts toxiques du corps. Ceux-ci ayant été éliminés, le phénomène « d'accroche » entre les deux conditions n'existe plus. Cela permet alors de faire cesser la restimulation permanente des images mentales.

Mais que se passe-t-il si la personne ressent une réaction à la niacine peu après avoir atteint le phénomène final de procédure ? Qu'est-ce qui peut causer un tel phénomène ?

Le but du programme de Purification est de manier les résidus toxiques qui peuvent être logés dans les tissus et qui, par leur présence et leurs effets restimulants pourraient empêcher ou ralentir la progression mentale et spirituelle de la personne.

Le programme de Purification *n'a pas* pour but de manier les images mentales reliées aux drogues ou aux substances toxiques. Après avoir atteint le phénomène final, ces images mentales ne sont pas nécessairement restimulées par la présence de résidus toxiques, mais elles sont encore là et peuvent être restimulées par *d'autres* facteurs.

Un exemple de cela est une personne qui a terminé le programme mais qui prend encore de la niacine chaque jour et qui peut, par le fait de se mettre au soleil, restimuler une image mentale d'un ancien coup de soleil. Ces images mentales étant réactivées, elle peut ressentir une rougeur quand elle prend sa dose journalière de niacine.

Cela ne veut pas dire automatiquement que le programme n'a pas été aplani. Cela signifie souvent tout simplement qu'une image mentale ou plusieurs est ou sont réactivées. Il n'y a pas lieu de s'en inquiéter, car dans la plupart des cas elles sont désactivées peu de temps après, l'intervalle le plus courant étant de trois à dix jours. Ces images mentales peuvent être allégées efficacement par l'auditing de Scientologie, mais un tel maniement n'entre pas dans la compétence du programme de Purification et sort du cadre de ce livre.

« La Fuite »

Des Superviseurs de Cas rapportent avoir rencontré quelques cas qui « détalaient comme des lapins », c'est-à-dire qui ne voulaient pas continuer le programme jusqu'à son phénomène final parce que c'était désagréable, ou pour d'autres raisons diverses. Ces personnes affirmaient avoir fini après seulement quelques jours, avec de faibles doses de niacine, alors qu'elles avaient eu peu ou pas de réactions. Mais il y eut peu de cas de ce genre et ils étaient facilement repérés. On leur faisait entendre raison en leur faisant mieux comprendre le programme et son but. On permit à deux cas de ce type d'attester, alors qu'ils avaient fait le programme trop vite et qu'ils l'avaient bâclé. Ces deux cas éprouvèrent ensuite une restimulation qui aurait dû et qui aurait pu être normalement éliminée sur le programme. Après examen complet de ces cas, auquel un médecin prit part, on leur fit reprendre le programme et ils le terminèrent correctement.

Si l'on en juge d'après les rapports, y compris les rapports personnels reçus en grand nombre, la majorité est de loin composée de personnes enthousiastes qui sont impatientes d'avoir des réactions au cours du programme et de passer au travers pour s'en débarrasser. Elles parlent de drogues, de médicaments, d'anesthésiques, d'alcool, de restimulations de diverses réactions biochimiques, de somatiques ou autres manifestations qui sont apparues et qui se sont dissipées. Elles en parlent avec enthousiasme, avec un grand soulagement, et elles en demandent encore ! De tels cas savent souvent reconnaître quand ils ont atteint honnêtement le phénomène final et ils vous le disent.

Essayer de « Tout Résoudre »

Il a été également vu sur le programme un type de personne qui veut essayer ou qui espère pouvoir manier sur le programme tout ce qui va mal pour elle et qui recherche un résultat qui dépasse et qui n'entre pas dans le cadre de ce que le programme peut faire. Un tel cas doit recevoir une information détaillée sur le programme et son but exact. Sa progression devra être suivie de très près. Il est possible que le fait d'éliminer des résidus toxiques de l'organisme permette que d'autres états corporels dont la personne pourrait souffrir soient ensuites traités avec succès.

Il a été remarqué qu'il est important de rendre réel à tout

participant que tout ce qui est recherché sur le programme est de libérer la personne des résidus toxiques et des drogues et de leurs effets restimulants, afin de rendre possible de réels gains mentaux et spirituels.

Le Superviseur des Cas sur le programme doit connaître chaque cas dont il a la charge, il doit suivre attentivement les progrès de chacun d'eux, être en liaison avec un médecin, et bien connaître les indicateurs qui apparaissent lorsque la personne atteint le phénomène final, afin qu'il puisse être validé.

Conseils Supplémentaires

Pour mener à bien le programme, tout mauvais indicateur, tout indicateur étrange ou anormal, tout bouleversement sera toujours relevé et résolu sur le champ.

Si la personne est en proie à quelque restimulation violente et veut simplement passer à travers sans qu'on la dérange, on ne doit rien lui imposer ni la déranger. On lui permet de passer tranquillement et progressivement à travers, à son rythme, et ce faisant, elle s'en sort très bien. D'après les rapports, la plupart des gens savent quand ils sont en restimulation et ils vous le disent.

Lorsqu'il arrive que la cause du bouleversement n'apparaît pas immédiatement, l'Administrateur du programme prend simplement la personne à part et en parle avec elle, afin de déterminer ce qui se passe.

L'une des actions qui donne de bons résultats est de faire lire à la personne tous les points du programme contenus dans les publications. Elle trouve très souvent et indique elle-même là où elle avait dévié de la règle. Il s'avère, dans la plupart des cas, qu'elle a raison. Il a souvent été remarqué qu'il s'agit d'une altération, d'un ajout ou d'une omission et qu'on peut y remédier en remettant la personne sur les rails et en lui faisant faire le programme à la lettre.

Si cela ne semble pas résoudre le problème, on ne se perd pas en conjectures et on ne se livre pas à des expériences. La personne doit passer une visite médicale afin de savoir si une rectification doit être apportée à son régime, et si oui, on fait en sorte que cela soit fait.

Sommaire

En résumé, il a été découvert qu'il y a toutes sortes de façons de s'écarter du programme correct et que les effets d'une de ces transgressions peuvent être similaires ou paraître similaires à ceux d'une autre transgression. Le résultat en est que certains cas semblent extrêmement et inutilement compliqués. Il a été également découvert qu'il est vital d'instruire la personne, dès le début, sur les actions exactes du programme, et de faire en sorte qu'elle les respecte tout au long de son déroulement.

5

Les Drogues : Leurs Effets et Manifestations

5

Les Drogues : Leurs Effets et Manifestations

Diverses manifestations apparaissent au cours du programmme de Purification et peuvent être très différentes d'une personne à l'autre.

Cela peut aller de la restimulation d'une piqûre d'insecte jusqu'à une restimulation complète d'un « trip » (voyage, ndt) au LSD. L'une, comme l'autre, se dépasse et disparait au cours du programme.

Afin de comprendre parfaitement ces manifestations, il est nécessaire tout d'abord de savoir ce que les drogues *font* réellement.

Les Drogues sont des Poisons

Les drogues sont essentiellement des poisons. La quantité qui est absorbée en détermine les effets. Une petite dose agit comme un stimulant. Une dose plus forte a une action sédative. Une dose encore plus forte agit comme un poison et peut être mortelle. C'est vrai pour toute drogue, chacune ayant un dosage propre qui provoque ces résultats.

Certaines drogues ont un effet direct et spécifique sur le mental de l'individu. La marijuana, le peyotl[1], la morphine, l'héroine etc., stimulent apparemment les images mentales sur lesquelles est fixée la personne et les réactivent fortement. Le LSD, destiné à l'origine pour une utilisation en psychiatrie, peut rendre quelqu'un qui est normal, complètement schizophrène[2].

Bien que les drogues soient considérées comme quelque chose de précieux par les toxicomanes, dans la mesure où elles produisent un « effet recherché », une personne dépendante des drogues est un danger pour son entourage car elle a des « passages à vide ». Elle vit dans des chimères et des illusions qui la coupent du temps présent[3].

Drogues et Régression

Les drogues tendent à faire régresser la personne. C'est-à-dire qu'elles tendent à la faire sortir du temps présent et à la faire retourner dans le passé. Elles peuvent même aller jusqu'à coincer la personne dans des moments d'expériences passées, souvent des expériences liées aux drogues, à l'alcool ou aux médicaments.

---

1. **peyotl :** drogue hallucinogène préparée à partir de boutons séchés de certains cactus du Mexique.

2. **schizophrène :** malade atteint de schizophrénie. **schizophrénie :** (psychiatrie) maladie mentale, désordre mental important caractérisé par une séparation des processus de la pensée et des émotions, un écart de réalité accompagné de fantasmes et d'hallucinations, d'un dédoublement de la personnalité, troubles moteurs (concernant les mouvements musculaires), comportement bizarre, etc. Le mot *schizophrénie* vient du Grec skhizein, fendre, et phrên, phrênos, pensée; qui signifie *esprit fendu.*

3. **temps présent :** le temps qui est maintenant, plutôt que dans le passé. C'est un terme librement employé pour l'environnement existant dans le présent. Une personne dont on dit qu'elle est « hors du temps présent » serait quelqu'un dont l'attention est fixée sur les évènements du passé, dans la mesure où il n'est pas complètement conscient ou en communication avec son environnement réel du présent.

Les drogues — LSD, marijuana, alcool et les autres d'une longue liste — sont un danger pour le corps, au même titre que tout autre poison. Elles sont une menace pour *l'organisme.* L'être réagit en produisant une image mentale. Menacé de perdre son corps, il crée une image mentale afin de mettre *quelque chose* là.

Ce qu'il met là est une image mentale du passé, quelquefois un mélange de réalité et d'imaginaire. Parfois, il le fait de manière si intense que cela devient plus réel (et plus sûr, selon lui) que le temps présent.

Ainsi, se sentant menacé, il fuit le temps présent. (Ce qui s'est réellement passé c'est qu'il a pris des images mentales du passé pour les mettre dans le temps présent et c'est ainsi qu'elles le perturbent dans le temps présent. Combien même on voudrait envisager cela, la vérité de la chose est qu'il n'agit, ne pense et ne sent que partiellement à partir des données du *temps présent,* mais qu'il le fait à partir de celles qui appartiennent à un moment du passé dans lequel il se trouve maintenant coincé).

La piste du temps d'une personne est habituellement composée d'évènements enregistrés moment après moment, au fur et à mesure de sa progression dans le temps. Mais quand une personne sous l'effet de la drogue, a mis en place des images du passé, sa piste du temps du moment, n'est pas seulement composée d'évènements du temps présent. Ce qui est enregistré à la place est un mélange d'évènements du temps passé, de fabulations et d'évènements du temps présent.

Ainsi, là, juste sous vos yeux, apparemment dans la même pièce que vous, faisant les mêmes choses, se trouve une personne qui n'est là que partiellement, étant partiellement dans quelque évènement du passé.

Elle *semble* être là, mais en réalité elle ne suit pas vraiment le temps présent.

Ce qui est en train de se passer, pour un observateur rationnel, *n'est pas* la même chose pour la personne. Elle ne duplique donc pas ce qui est dit par un autre, mais elle essaye de l'adapter à sa perception de la réalité qui est composite. Pour l'adapter, elle doit donc modifier ce qui est dit par l'autre.

Elle peut être *convaincue* qu'elle est en train de vous aider à *réparer* le sol, alors qu'en réalité ce que vous êtes en train de faire c'est de nettoyer le sol. Donc, ses actions (qui lui semblent logiques et correctes) en fait empêchent le processus de progression. Voilà pourquoi elle met le chaos dans l'activité quand elle vous « aide » à laver le sol. Étant donné qu'elle est en train de *réparer* le sol, la demande : « passe-moi la serpillière » est réinterprétée en : « donne-moi le marteau ». Mais le maniement d'une serpillière demande plus d'espace que celui d'un marteau, et voilà que la bassine est bousculée, envoyant de la lessive et de l'eau partout.

Ceci est un exemple léger, le genre de chose qui ne fait pas la une des journaux. Mais qu'en est-il des accidents, des crimes, et du désespoir qui conduit à toutes sortes de tragédies, celles qui font la une des journaux ?

La réaction qu'un être peut avoir à cause des drogues se multiplie dans des combinaisons infinies.

Mais ce qui est *constant,* malgré tout, c'est qu'il *ne vit pas les mêmes moments* que les autres.

Cela peut être peu important : la personne fait occasionnellement des erreurs. Cela peut être sérieux, jusqu'à la folie totale où les évènements qui lui sont apparents sont *complètement* différents de ceux apparaissant à n'importe qui d'autre. Et il peut y avoir toutes les nuances entre les deux extrêmes.

Ce n'est pas qu'elle ne sait pas ce qui se passe. C'est qu'elle perçoit *quelque chose d'autre* au lieu et à la place des évènements du temps présent qui sont en train de se passer.

Les Antalgiques

En 1969, j'ai fait une découverte sur l'action des antalgiques (aspirine, tranquillisants, somnifères, etc.).

Les chimistes et les médecins n'avaient jamais su jusqu'alors (et je ne suis pas sûr qu'ils le sachent beaucoup plus maintenant), comment agissaient ces produits. Des composés de ce genre sont issus de découvertes accidentelles « on sait que cela diminue la douleur ».

Les effets des composés existants ne présentent pas des résultats uniformes et provoquent souvent des effets secondaires nocifs.

Étant donné que le pourquoi de leur efficacité n'était pas connu, la biochimie a peu progressé. Si on connaissait et si on admettait ce pourquoi, il se pourrait que les chimistes développent de vrais composés qui provoqueraient un minimum d'effets secondaires.

La douleur et les malaises de nature psychosomatique[4], proviennent des images mentales. Ces images sont créées inconsciemment par la personne elle-même et elles impriment ces maux ou malaises sur le corps.

4. **psychosomatique :** *psycho* se réfère au mental et *somatique* se réfère au corps; le terme *psychosomatique* signifie que le mental rend le corps malade ou bien il se rapporte à des maladies qui ont été créées physiquement dans le corps à cause d'un désordre mental.

Le test clinique dit que les actions de l'aspirine et d'autres antalgiques sont les suivantes :

A. Inhiber l'aptitude de l'être à créer des images mentales, et également;

B. Entraver la conductibilité électrique des canaux nerveux.

Avec cela, la personne est rendue stupide, amorphe, négligente, fausse, irresponsable. Elle entre dans une sorte d'état de stupidité, devient insensible, inhumaine, incapable et on ne peut absolument pas compter sur elle. En vérité, une vraie menace pour son entourage.

Quand les effets des drogues se dissipent ou commencent à se dissiper, l'aptitude à créer revient doucement et provoque des *somatiques beaucoup plus douloureuses.* Un des moyens dont dispose la personne pour répondre à cela est *davantage* de drogue. Vous savez, sans parler de l'héroïne, il y a des drogués à l'aspirine. La compulsion vient du désir de se débarrasser à nouveau des somatiques et des sensations indésirables. Il y a à l'évidence une dramatisation des images qui sont apparues lors de prises de drogues antérieures. La personne devient de plus en plus sensible, obtuse, réclamant de plus en plus souvent, de plus en plus de drogue.

Paraphrasant un vieil adage[5], je dirais que nous avions des hommes de fer et des hommes en bois. Nous avons maintenant une société droguée et des citoyens obtus et insensibles.

Si on regardait cela avec un oeil de biochimiste, l'antalgique le moins nocif serait celui qui inhiberait la création d'images

5. **adage :** proverbe exprimant une expérience ou l'observation commune; proverbe.

mentales en provoquant le moins d'effets abrutissants possible et qui serait soluble dans le corps afin qu'il soit évacué rapidement. Il n'existe pas de préparations biochimiques de ce type actuellement.

L'aspect médical est un désir que l'on peut comprendre, celui de traiter la douleur. Les médecins devraient insister pour que de meilleures drogues soient mises au point pour le faire et qu'elles ne provoquent plus d'effets secondaires désastreux. Les laboratoires pharmaceutiques devraient améliorer leurs recherches. La formule présentant le moins d'inconvénients est celle donnée plus haut.

Appauvrissement des Réserves en Vitamines

Les drogues peuvent aussi stimuler temporairement (avant de les détruire) les glandes endocrines. Elles peuvent provoquer des sensations passagères de bien-être, ou ce qui est appelé « euphorie ». Une partie de cela est probablement causée par le fait qu'elles interrompent momentanément l'émission d'images mentales douloureuses du passé.

Elles peuvent également accélérer la consommation de vitamines. Une drogue ou l'alcool brûle rapidement la vitamine B_1 dans l'organisme. Certaines drogues brûlent également toute la niacine et la vitamine C disponibles. Cette consommation accélérée peut également provoquer une sensation passagère de bien-être, complétant l'état de « bien heureux ».

Mais quand l'organisme manque de B_1, la personne déprime. Quand les réserves sont vides, les hallucinations appelées delirium tremens (« dts ») ou les symptômes de sevrage qui s'ensuivent sont réellement cauchemardesques.

« Quand on est Insensible, Rien ne Peut nous Atteindre »

On peut observer que les toxicomanes sont apparemment convaincus du faux raisonnement tel que : « si on est insensible, rien ne peut nous arriver ». Les drogues sembleraient donc être une défense contre l'univers physique[6].

Les drogues bloquent la douleur et d'autres sensations indésirables, mais il existe un secteur entier de sensations *désirables* et les drogues bloquent *toutes* les sensations.

Sexuellement, il n'est pas rare qu'une personne sous l'influence de la drogue soit stimulée au début. C'est l'impulsion de « procréer avant la mort », les drogues étant un poison. Mais après les premières excitations[7] sexuelles, la stimulation de la sensation sexuelle est de plus en plus difficile à obtenir. L'effort pour l'obtenir devient obsessionnel, alors que la sensation est de moins en moins satisfaisante. Malgré la propagande[8] proclamant le contraire, même la sensation sexuelle est bloquée par les drogues et cela est vrai, bien qu'elle semble être exacerbée une ou deux fois. Après cela, tout élan disparaît.

La Coupure des Émotions, des Perceptions et des Somatiques

Les personnes qui sont depuis longtemps, dépendantes des drogues, médicaments ou de l'alcool, souffrent parfois de

6. **univers physique :** l'univers matériel, lequel se compose de matière, d'énergie, d'espace et de temps.

7. **excitation :** sensation; agitation de plaisir.

8. **propagande :** informations, idées ou rumeurs largement répandues et de façon délibérée pour aider ou nuire à une personne, un groupe, un mouvement, une institution, une nation, etc.

coupures au niveau des émotions, des perceptions ou des somatiques. Elles sont comme anesthésiées (insensibles) et parfois « rien ne les gêne », étant donné qu'en fait, elles sont dans une condition physique refoulée et ne peuvent pas s'arrêter de prendre des drogues, de boire ou de prendre des médicaments.

Ce genre de cas s'est adonné aux drogues, aux médicaments ou à l'alcool par peur de la douleur, des sensations ou des misemotions[9]. La personne a considéré les drogues, l'alcool ou les médicaments comme un traitement pour les sentiments indésirables.

La seule défense qui pourrait être avancée pour la cause des drogues, est qu'elles donnent un oubli court et rapide d'une situation présente angoissante et qu'elles permettent de traiter une personne pour lui administrer des soins. Mais même cela n'est valable que pour les personnes qui n'ont pas d'autres moyens pour soigner leur douleur. La dextérité[10], la compétence, la vivacité sont les points essentiels qui permettent d'éviter de rentrer dans des situations douloureuses, et ces aptitudes disparaissent avec les drogues.

Les drogues entraînent les personnes dans des situations qui sont vraiment désastreuses et les y maintiennent.

---

9. **misemotion :** un mot fabriqué, utilisé pour signifier une émotion ou une réaction émotionnelle qui n'est pas appropriée à la situation du temps présent. Il est tiré de l'anglais *mis-* (faux) + *émotion*. Dire qu'une personne avait des *misemotions* voudrait indiquer que la personne n'a pas adapté l'émotion qui s'impose aux circonstances de la situation réelle. Être misemotionnel serait synonyme d'être irrationnel. On peut juger facilement la rationalité d'un individu d'après la justesse de l'émotion qu'il manifeste dans une certaine catégorie de circonstances. Être joyeux et heureux lorsque les circonstances sont joyeuses et heureuses serait rationnel. Exprimer du chagrin sans raison suffisante dans le temps présent serait irrationnel.

10. **dextérité :** habileté ou adresse en utilisant les mains ou le corps; agilité; adresse ou habileté mentale également; ingéniosité.

Les Drogues et l'Éducation

Vu tout ce que les drogues font, on peut facilement en déduire qu'elles limitent la capacité d'une personne à apprendre. Mais cette affirmation est plus qu'une déduction, c'est un fait établi empiriquement. On a prouvé que la capacité à apprendre - le temps qu'il faut à une personne pour apprendre quelque chose - est plus faible chez les drogués. Des tests ont montré que la vitesse d'apprentissage d'une personne qui a pris des drogues est bien plus faible que celle des personnes qui n'en ont pas pris.

Les drogues peuvent donc empêcher une personne d'avoir une éducation. Voyons maintenant ce que cela donne quand on sait que l'utilisation de la drogue par les étudiants est non seulement tolérée dans beaucoup d'écoles et de lycées, mais qu'en plus certaines drogues sont *utilisées* dans certaines écoles - les psychiatres en donnent l'exemple quand ils recommandent l'utilisation de drogues dangereuses et qui rendent dépendant, pour calmer les enfants qualifiés « d'hyperactifs ».

En effet, c'est peut-être là la cause de la dégradation de l'éducation pour laquelle tant de publicité a été faite ces dernières années. On a cité, dans divers articles de presse, des professeurs qui étaient incapables d'enseigner ou qui n'arrivaient pas à enseigner. Mais il est possible que ce ne soit pas du tout les professeurs qui soient à la base du problème.

Quelles que soient les véritables statistiques à ce sujet, il est certain que les drogues sont très utilisées dans les écoles. Et il est certain que les drogues empêchent d'apprendre et donc empêchent l'éducation.

Et une civilisation qui est incapable d'apprendre qui ne peut pas éduquer ses membres est une civilisation qui ne peut pas durer. Ceci veut dire que *cette* civilisation va disparaître si rien n'est fait à ce sujet.

La Capacité à Apprendre et la Criminalité

Quand les drogues empêchent l'étude, elles provoquent aussi un relâchement de la discipline.

La mémoire d'une personne qui prend ou qui a pris des drogues est souvent telle qu'elle lui enlève la peur des conséquences de ses actions. On pourrait penser que la réponse à cela est la discipline. Mais la discipline est donnée par l'éducation. Si les essais d'enseigner des valeurs de l'éthique échouent quand les gens sont incapables d'étudier, les essais d'enseignement de la discipline et des actions de justices échouent encore plus. Une personne qui ne peut pas apprendre et à laquelle on essaie d'apprendre quelque chose par la force devient tout simplement un criminel.

À quoi cela sert-il qu'un gouvernement utilise la police et les actions de justice dans une société qui est incapable d'apprendre ? Dans une société qui ne peut pas apprendre, les menaces gouvernementales ne servent à rien. Les mesures gouvernementales prises n'auraient aucune importance, puisque la société ne serait pas capable d'en voir les conséquences. Une société incapable d'apprendre et à laquelle on essaierait d'apprendre quelque chose de force deviendrait, à terme, criminelle.

Les Réactions

Quand une personne élimine par sudation les résidus de drogues de son organisme, lors du programme de Purification, toute une série de réactions peut se produire. De telles réactions peuvent résulter de l'utilisation ou de l'exposition à *n'importe quelle* substance chimique ou drogue qui s'est fixée dans les cellules ou les tissus du corps, aussi faible que puisse être la quantité résiduelle.

Dans les rapports ou les dossiers médicaux, les personnes ayant fait le programme ont très souvent identifié les réactions qu'elles ont eues avec des expériences professionnelles ou avec /des expériences de leur vie courante.

Cela comprend, par exemple, des rapports d'exposition à des produits toxiques tels que la peinture vynil, les insecticides, les agents conservateurs, les agents pour traiter les produits agricoles et autres produits semblables. Certaines personnes ont eu des sensations qu'elles ont reconnues ou qu'elles ont associées avec des opérations dentaires, des traitements aux rayons X, des anesthésiants dentaires tels que la novocaïne ou d'autres anesthésiants reçus lors d'opérations, ou toute autre sensation qui accompagne diverses maladies physiques ou blessures et pour lesquelles des médicaments ont été utilisés.

Cela inclut bien sûr, et ce n'est pas la moindre des réactions, des expériences dues aux drogues de la rue ou à ce qu'on appelle maintenant dans certains quartiers des drogues « récréatives » telles que la marijuana, la cocaïne, l'héroïne, le haschisch[11], le LSD, etc. Si des résidus de drogues doivent être éliminés du système, il n'est pas rare que la personne fasse l'expérience de la restimulation des effets exacts que la personne a ressentis lorsqu'elle a pris la drogue ou le médicament pour la première fois.

On peut donc s'attendre à rencontrer des réactions dues aux produits chimiques médicinaux ou pharmaceutiques, aux médicaments qui peuvent être utilisés sans ordonnance, aux

11. **haschisch :** une drogue obtenue à partir de la résine contenue dans la fleur au sommet du chanvre, mâchée ou fumée pour ses effets euphoriques et grisants.

produits chimiques industriels et ménagers, aussi bien que celles dues aux expériences ressenties lorsque la personne a pris des drogues dures. Et cela peut apparemment aller jusqu'à des carences nutritives, ou des maladies résultant de ces carences, qui ont été provoquées par l'ingestion ou l'absorption de ces substances chimiques.

Les Maux, les Douleurs, les Somatiques

De vieilles blessures ou de vieilles somatiques peuvent apparaître, se manifester brusquement pendant un moment puis disparaître. Elles peuvent être facilement déterminées et précisément identifiées par la personne, qui les associe à des expériences passées ou de simples impressions d'être mal à l'aise et n'ayant aucun lien avec une maladie, blessure ou accident spécifique. Cela peut aller du mal de tête aux spasmes musculaires, aux douleurs musculaires, aux gonflements, aux éruptions cutanées, à l'urticaire et à des symptômes liés aux bronches ou autres maux, douleurs ou somatiques.

Les Sensations

Des personnes ayant fait le programme ont signalé les sensations suivantes lors de l'élimination des résidus dans le sauna : Légèreté, sensation de « brouillard » dans la tête, impression de flotter, étourdissement, impression d'être « hébété », engourdissement - souvent dans la bouche ou autour des gencives et parfois dans les membres ou les extrémités de ceux-ci, impression d'avoir « la gueule de bois[12] » ou toutes les autres sensations dues aux drogues de la rue.

12. **gueule de bois :** Fam. effets physiques désagréables après avoir bu, tels que maux de tête ou troubles de l'estomac, ressentis généralement quelques heures après avoir cessé de boire.

Des périodes d'intoxication - d'ivresse - se sont brièvement réactivées chez certaines personnes alors qu'elles étaient dans le sauna, puis elles se sont dissipées et ont disparu. Des personnes, ayant été exposées aux radiations alors qu'elles vivaient dans les régions où les essais nucléaires étaient effectués où les retombées[13] nucléaires se déposaient, et d'autres personnes qui furent exposées au défoliant connu sous le nom d'Agent Orange alors qu'elles se trouvaient au Vietnam, ont suivi le programme et ont obtenu des résultats intéressants et ont signalé un soulagement énorme.

Les Odeurs et les Goûts

Très souvent la personne fera l'expérience de l'odeur ou du goût d'une substance particulière. Parmi ceux décrits par les personnes ayant fait le programme, on trouve : un goût de métal, une odeur d'éther[14], un goût de novocaïne, « un goût amer »; « un goût de médicament », « un goût de produit chimique », une odeur de marijuana pour n'en citer que quelques-uns.

Ces phénomènes peuvent se manifester aussi sous la forme d'odeurs corporelles inhabituelles lors des périodes de sudation dans le sauna.

Tel l'exemple d'une personne ayant travaillé pendant quelques temps comme moniteur dans une piscine contenant de l'eau chlorée : Pendant certaines périodes du programme, alors qu'elle se trouvait dans le sauna, elle a transpiré une sueur ayant une odeur de chlore suffisamment forte pour que les autres personnes aient dû quitter temporairement le sauna !

13. **retombées :** la descente sur la terre de particules radioactives, après une explosion nucléaire ou un accident de réacteur; également les particules elles-mêmes de radioactivité.

14. **éther :** une drogue utilisée pour effectuer une anesthésie, avant une opération chirurgicale.

Les Émotions

Des émotions qui ont été stoppées ou qui ont été retenues peuvent commencer à réapparaître. La personne peut traverser des réactions émotionnelles liées à des expériences biochimiques passées, ces réactions disparaissant ensuite. La personne peut aussi traverser des périodes de torpeur ou de stupidité et devenir plus consciente au fur et à mesure qu'elle les traverse. Elle peut alors découvrir qu'elle peut faire des choses plus facilement et les conséquences de ses actions peuvent alors avoir une nouvelle signification pour elle. La mémoire peut revenir.

Les Différences et les Changements d'Intensité

Il semble, d'après des rapports basés sur des observations directes, que dans certains cas (pas tous) des résidus de plusieurs drogues prises dans le passé et d'autres produits chimiques (parfois toutes les drogues et médicaments que la personne a pris) peuvent être restimulés simultanément avec violence durant la première semaine ou les dix premiers jours, avec de faibles doses de niacine, jusqu'à environ 1000 mg.

D'autres referont les expériences de ces effets de façon plus graduelle, les uns après les autres.

Cela ne se produit pas toujours de façon régulière, et dans certains cas cela peut être plus violent que dans d'autres. Mais, au fur et à mesure que la personne élimine les résidus de drogues et traverse les réactions qui accompagnent cette élimination, les effets deviennent plus faibles et, à la longue, plus aucun effet ne se produit, même avec de plus grandes quantités de niacine.

Une réaction donnée peut apparaître, peut s'intensifier ou non, puis disparaître entièrement ou partiellement à n'importe quel moment. Puis elle peut réapparaître le jour suivant, mais de façon moins intense. Si on augmente les doses de vitamines et de minéraux à ce moment, la réaction risque de réapparaître à nouveau, mais elle sera plus faible. Ces phénomènes ne deviennent pas de plus en plus graves; ils le sont de moins en moins, jour après jour, sous réserve que le programme soit continué de façon correcte.

À terme, les vitamines, les minéraux et les autres actions du programme ne produisent plus du tout de réaction; elle est partie. Il existe des indications qu'au-delà d'un certain niveau, dépendant de la personne, aucune dose ne produira à nouveau la réaction.

Un Gradient Correct Est la Clé

L'astuce est de prendre les doses de vitamines et de minéraux selon un bon gradient. Quand les doses sont données selon un gradient trop élevé, une réaction peut se produire de façon très violente, aussi un bon gradient doit-il être respecté. Et il ne faut pas non plus « fuir » et arrêter le programme alors que des réactions continuent de se produire.

D'après les premières recherches et les expériences pilote de ce programme, d'après les rapports de ceux qui l'ont administré et de ceux qui l'ont fini, on peut s'attendre à ce que n'importe quelle réaction apparaisse, certaines d'entre elles n'étant pas du tout agréables. Il semble qu'il n'y ait aucune limite à la variété des effets qui peuvent se produire lors de l'élimination des résidus toxiques.

Cependant, quand la personne suit un horaire raisonnable et bien suivi, avec des doses correctes d'éléments nutritifs et avec les autres actions bien faites du programme, ces réactions perdent de leur intensité et disparaissent sans problèmes et sans provoquer d'inconfort excessif pour la personne. En d'autres mots, une personne fera l'expérience des effets provoqués par toute carence nutritionnelle ainsi que ceux provoqués par les effets cumulatifs des substances toxiques, lorsqu'elles deviennent actives et se déchargent, mais elle traverse ces périodes de façon satisfaisante quand le programme est suivi à la lettre.

Tant que les précautions précisées plus haut sont bien suivies et que la procédure est suivie exactement comme elle est indiquée, la solution à toute réaction qui apparaît est de continuer le programme comme il est décrit, la réaction devenant moins fréquente et moins intense jusqu'à ce qu'elle s'arrête complètement.

Appendices :

A. Un Examen des Résultats du Programme de Purification

B. Où Faire le Programme de Purification ?

Appendice A

Un Examen des Résultats du Programme de Purification

Compilé par les Éditeurs

Depuis 1979, date à laquelle L. Ron Hubbard a fini la mise au point du programme de Purification, deux facteurs importants - deux vecteurs en fait - ont contribué à la popularité phénoménale du programme. Le premier est une prise de conscience généralisée de la part du public du caractère alarmant du bombardement chimique auquel nous faisons face et de l'effet à long terme des résidus toxiques et des résidus de drogues qui s'accumulent dans notre corps. Le deuxième facteur est constitué par les *résultats* du programme. D'après les témoignages d'expériences effectuées sous contrôle scientifique, les personnes du monde entier qui ont fait le programme de Purification en ont tiré des bienfaits généralement spectaculaires qui méritent d'être connus.

Les éditeurs ont rassemblé quelques-uns des milliers de rapports effectués par les personnes qui ont fait le programme.

Chaque personne qui a suivi ce programme en a retiré des bénéfices qui lui sont propres. Cependant, voici ce qu'on retrouve le plus couramment chez celles ayant terminé le programme de

Purification : une énergie énormément accrue, une capacité d'assimilation plus grande, de nouvelles capacités à se concentrer, l'absence du besoin de produits artificiels, de meilleures perceptions, une sensation générale d'un meilleur bien-être ainsi que des améliorations dans le domaine général de la santé.

> *Je me souviens de ce que j'étais avant de prendre des drogues. J'étais plein de vie, d'énergie et de rêves. La vie était claire et simple. J'avais une très bonne famille - J'aimais et je faisais confiance à mes parents. J'avais aussi des amis avec lesquels j'aimais être et avec lesquels j'avais de très bonnes relations quand j'ai grandi. Plus que tout, je voulais être heureux et jouer un jeu que je pouvais gagner.*
>
> *Mais il s'est passé quelque chose en cours de route. J'ai pris de la drogue. Je n'essayais pas de me détruire - c'était la mode - pour beaucoup de gens de ma génération, c'était une partie de la « réponse ». Quand j'ai compris que les drogues détruisaient ma vie, il était trop tard. Je « planais » sous l'effet des drogues, j'étais presque entièrement détaché de la vie elle-même. Ces choses auxquelles j'avais tenu dans ma jeunesse - la famille, la moralité, les vraies amitiés - étaient des choses du passé. Je n'étais plus capable de vraiment m'occuper de la vie et des autres. Les relations que j'avais étaient superficielles.*
>
> *Je me rappelle que je me demandais si je pourrais jamais à nouveau m'occuper de quelqu'un. Quand j'ai réalisé que je n'étais plus la même personne que j'étais avant de prendre des drogues, j'ai pris peur. Je n'avais plus l'esprit aussi vif qu'il l'avait été, j'étais*

dans le brouillard. J'étais amer et je ne faisais confiance à personne. S'il y avait une chose que je voulais changer, c'était le fait que j'avais pris des drogues. Il ne se passait pas un jour sans que je me fasse du souci à ce sujet. Cela ne faisait qu'augmenter mon désespoir car je savais que je ne pouvais pas remonter le temps. Même après avoir arrêté de prendre des drogues, je restais conscient du fait que je n'étais plus la même personne. La culpabilité, l'amertume et mon chagrin étaient énormes.

Puis j'ai fait le programme de Purification de L. Ron Hubbard. J'ai maintenant résolu les effets des drogues que j'avais prises. J'ai retrouvé mon énergie et je ne suis plus dans le brouillard. Je peux penser clairement, mon esprit est à nouveau vif. J'ai retrouvé ma volonté et je fais partie de la vie. Je ressens à nouveau des émotions que je n'avais plus voulu ressentir depuis des années. J'ai retrouvé la capacité d'avoir de véritables relations honnêtes avec les autres et je rétablis celles que j'ai perdues. En fait, je sens que j'ai rattrapé le temps perdu. Maintenant, je veux faire quelque chose de constructif à chaque minute de ma vie.

Mon seul espoir est que tous ceux qui ont pris des drogues, que ce soit des drogues de la rue, des drogues médicinales, etc. aient la même opportunité de suivre ce programme. Il changera leur vie pour le meilleur, et il y a beaucoup trop de choses qui peuvent être faites durant une vie pour ruiner cela avec des drogues. Le programme de Purification de L. Ron Hubbard a été pour moi un miracle. Il m'a rendu ma vie et j'en suis la preuve vivante. B.D.

La Capacité à Penser Clairement

Je me sens totalement dans le temps présent et je contrôle totalement mon attention - mes pensées n'errent plus et mon attention ne se disperse plus sans arrêt. Mes pensées sont maintenant claires comme du cristal et rapides comme l'éclair. J.D.

Oui ! J'ai fini le programme de Purification. Le plus beau, c'est que je le savais. Les symptômes étaient évidents - pensée plus claire, se sentir léger et énergique, j'ai même résolu en grande partie mes problèmes d'insomnie. La qualité de mon sommeil s'est grandement améliorée. F.L.R.

Il n'y a aucun doute que le programme de Purification m'a énormément aidé physiquement, mentalement et émotionnellement. Je ne me suis pas senti aussi bien depuis un bon moment. Je suis capable de penser de façon beaucoup plus claire, je dors mieux et m'entends beaucoup mieux avec les autres gens. Cela a été une étape géante dans mon rétablissement par rapport aux drogues. R.G.

Une Énergie Accrue

Je ne peux pas y croire !!! Mon corps est plein d'énergie, je ne dépends plus du café, du sucre ou d'autres stimulants (j'avais des hauts et des bas terribles physiquement avant de faire le programme et je sentais que j'étais dépendant d'un stimulant ou d'un autre). Je suis beaucoup plus calme et détendu, et ma façon de percevoir la vie a entièrement changé; cela semble presque incroyable. C'est la première fois depuis sept ans que je sens que je peux (et je le veux) créer mon avenir. J'ai l'impression d'être une nouvelle personne. Depuis sept ans, après avoir pris pour la première fois une forte dose de drogue « dure », je n'ai jamais vraiment été la même personne (en fait je n'ai jamais été un consommateur de drogue dure - la plus forte ayant été la marijuana, la codéïne pour soigner les angines, et la novocaïne). La marijuana a eu un mauvais effet sur moi et ce qui s'est alors passé n'est jamais parti... jusqu'à maintenant. Maintenant, je suis calme, détendu, prêt à créer et à développer une nouvelle vie. A.S.

C'est tout simplement incroyable de voir comment vous pouvez croire que tout se passe bien, jour après jour, et penser que vous fonctionnez de façon optimale alors qu'en fait vous êtes lourd et complètement à côté de la plaque - c'est si subtil que vous n'avez pas conscience de ce qui vous affecte jusqu'à ce que vous fassiez le programme de Purification et que vous découvriez ce que c'est que de ne plus être sous l'influence des anesthésiants. Si quelqu'un m'avait dit que je passais mon temps à moitié endormi, je ne l'aurais pas cru. En fait, depuis la première fois où j'ai été anesthésié, quand j'étais un enfant - on m'a donné de l'éther pour l'ablation des amygdales - puis à chaque opération qui a suivi, les anesthésiants se sont accumulés dans mon organisme. Il fallait parfois que je fasse des efforts pour être actif, et, depuis que j'ai terminé le programme de Purification, ce n'est plus le cas. Quel programme - quand vous pensez au nombre de gens qui sont là, ayant l'impression d'être un peu vaseux, apathiques et pensant que c'est parce qu'ils vieillissent ou à cause de telle ou telle chose - c'est vraiment incroyable. Avant de faire le programme de Purification, il y avait des périodes où je me sentais très fatigué et j'attribuais cela au fait que je travaillais trop, etc. Depuis que les anesthésiants ont été entièrement éliminés de mon organisme, je n'ai plus cette sensation de « vieux fatigué ». Je suis gai et je sens que ma façon de penser est optimale. L.H.

Avant de commencer le programme de Purification, j'étais fatigué la plupart du temps. J'avais besoin de dormir beaucoup et mon corps était toujours fatigué et ne réagissait pas correctement. Maintenant, après le programme de Purification, je me sens toujours plein d'énergie. Je me sens bien dans ma peau et cela m'a beaucoup aidé car je peux travailler énormément sans me fatiguer. C.D.

Enthousiasme envers la Vie

Je suis propre ! C'est fantastique ! Non seulement je me sens bien dans ma peau, mais j'ai aussi acquis une plus grande certitude et je suis capable de voir. C'est incroyable de voir à quel point je me sens vivant. C.D.

C'est vraiment un programme fantastique. Beaucoup de maladies, douleurs, maux et symptômes se sont manifestés puis sont partis, et je suis reconnaissant de pouvoir être physiquement sain et d'être capable de prendre soin d'un corps. Mais je pense que mes gains les plus spectaculaires ne sont pas physiques. Je suis plus gai, j'ai plus d'enthousiasme envers la vie. Ma mémoire s'est améliorée. Je ne me sens plus confus ou embrouillé. Je sens aussi que je serais capable de mieux étudier. B.K.

Je peux penser beaucoup plus clairement. Mon équilibre émotionnel est meilleur. Je suis calme. J'ai une attitude plus positive envers la vie et je sens que je peux manier tout ce qui peut arriver. R.V.

Une Perception Accrue de l'Environnement

Avez-vous jamais eu l'impression de conduire une voiture avec un pare-brise sale ? Vous essayez en permanence de voir au travers, vous le nettoyez avec un chiffon, vous n'arrivez pas à le nettoyer et vous continuez ainsi en espérant que vous pourrez voir au travers. Quel soulagement d'avoir un pare-brise vraiment propre et de pouvoir vraiment voir l'extérieur. C'est exactement cela que fait le programme de Purification pour votre corps. Il a enlevé tous ces produits chimiques et ces drogues qui remontaient jusqu'à vingt ans en arrière et qui avaient ces effets déplaisants et répétitifs sur moi pendant toutes ces années. Un des meilleurs résultats, et un des plus surprenants, obtenus lors de ce programme et que ma myopie s'est vraiment atténuée - il fallait que je porte des lunettes avec des verres très forts. C'est comme si j'avais un nouveau corps.

Ma vision est plus claire et s'est améliorée. Mon sens du goût est meilleur et certaines choses ont même maintenant un goût entièrement différent, grâce à un corps purifié. Je recommande FORTEMENT le programme de Purification à TOUT LE MONDE. M.C.

Je viens de finir le programme de Purification et je me sens très, très bien. Mon corps se déplace facilement au lieu d'être lent. Je n'ai plus ces « images » qui me mettaient dans la confusion. Maintenant, elles sont parties et il n'y a rien entre moi et ce que j'observe. Je suis plus heureux et j'ai plus confiance en moi. L.M.

Avec beaucoup d'autres changements et bénéfices que j'ai eu lors du programme de Purification, il y a quelque chose de très important. Ma vue s'est améliorée, surtout ma vision de nuit. Avant, j'étais aveugle à 80 pour cent dans la nuit. Maintenant peut-être seulement à 15 pour cent. Je ne suis pas un docteur, mais c'est moi qui devais faire attention à mes yeux, et ma vue va mieux. R.H.

Après avoir terminé le programme, tous mes principaux sens semblent s'être améliorés - l'ouïe, l'odorat, le goût, le toucher. J'ai aussi dans mes mains plus de force que je n'en avais. Je suis beaucoup plus stable, je suis plus moi-même que je ne l'ai jamais été auparavant. P.G.

La Vivacité d'Esprit

Depuis que j'ai fini le programme de Purification, ma capacité à étudier a été augmentée au moins du double. Ma capacité à voir ou à éclaircir les choses que je ne comprends pas s'est considérablement développée. J'hésite beaucoup moins à me plonger dans une théorie ou à faire un exercice pratique que je n'ai encore jamais fait ou avec lequel je ne suis pas familiarisé, cela est dû au fait que je vois les choses plus clairement et que j'ai la sensation que ma capacité à comprendre et à dupliquer ce que je suis en train d'étudier s'est améliorée. L.W.

Il m'est beaucoup plus facile de me concentrer sur

les matériaux que j'étudie. Ma capacité à comprendre ce que je lis s'est beaucoup améliorée. Je peux percevoir ce que veut dire l'auteur, ce qui rend les choses beaucoup plus faciles à lire. V.L.

Avant de faire le programme de Purification, j'étais un étudiant moyen. Je pouvais étudier et en tirer quelque chose, mais il était parfois difficile d'avoir le concept ou de comprendre facilement un sujet et de comprendre tous les aspects de ce sujet. Maintenant que j'ai fait ce programme, je me sens mieux quand j'étudie. Il m'est facile de tout comprendre. Je comprends immédiatement le sens des choses. Je me sens plus intelligent et je suis devenu un des meilleurs étudiants sur les cours que je suis. C.D.

Se Sentir Propre et en Bonne Santé

J'ai récemment fini le programme de Purification et je dois dire que c'est le meilleur des programmes de nettoyage que j'aie jamais fait. Avant de faire le programme, j'ai fait des régimes et j'ai jeûné pour essayer de nettoyer mon corps des toxines et des impuretés. Mais dans tous ces programmes, on ne s'occupait pas des résidus de drogue et je continuais donc à ressentir leurs effets. Par exemple, j'allais courir et éliminer quelques résidus de penthotal de sodium qu'on m'avait injecté au cours d'une extraction dentaire et lors des semaines qui suivirent je me sentais quand même régulièrement faible pendant quelques secondes. Avec le programme de Purification, ma circulation sanguine s'est nettement améliorée et j'ai éliminé tous les résidus toxiques. La preuve en est la façon dont je me sens maintenant. Aucun des « effets secondaires » que je ressentais avant, quand je faisais de l'exercice, ne se produit plus et je suis très actif ! Je me sens vraiment en bonne santé ! M.J.M.

Il n'y a aucun doute dans mon esprit que le programme de Purification a apporté des améliorations considérables à mon corps, malgré les abus que je lui ai fait subir ces 67 dernières années ! L.J.

Depuis que j'ai fait le programme de Purification, je me sens beaucoup mieux physiquement. Je contrôle mon appétit. Avant, il y avait des périodes où je n'arrêtais pas de manger. Plus maintenant. Je mange ce que je veux, mais pas trop et je mange une nourriture plus saine. Ma peau, qui s'était couverte de boutons la première fois que j'avais arrêté de prendre des drogues, s'est nettoyée. Je suis maintenant sur le chemin du rétablissement. Je suis rassuré sur mon compte et sur celui de mon corps. S.U.

Au début, quand j'ai commencé le programme de Purification, je ne pensais pas qu'il se passerait grand chose - et il ne s'est pas passé grand chose durant les premiers jours. Puis, brusquement, je suis tombé malade, sans raison apparente, pendant toute une nuit, et le lendemain cela m'a fait du bien d'aller dans le sauna pour éliminer cela, sans compter que l'échange des vitamines donnait plus de chances à mon corps de se rétablir. Je pouvais vraiment sentir les poisons toxiques et les médicaments que j'avais pris quitter mon corps. La nausée, les maux de tête, les douleurs ne duraient d'habitude pas longtemps et, tant que je m'en tenais à ma routine habituelle, ils apparaissaient puis disparaissaient sans problème. Le plus important est qu'à chaque fois je me sentais un peu (ou beaucoup) plus fort, en meilleure santé, plus propre - c'était comme si j'avais un nouveau corps. L.W.

Libération des Drogues

Je viens de participer à un miracle. Je n'aurais jamais cru que je pouvais à nouveau me sentir aussi bien. Le programme de Purification m'a sauvé la vie et a sauvé mon âme et a en plus fait de moi un meilleur être humain. T.K.

Mon programme de Purification est enfin terminé et je le qualifierais, sans aucun doute, de succès complet. Initialement, je voulais le faire car je voulais arrêter de prendre des drogues, et je voulais me débarrasser de mon incapacité à faire quelque chose de bien dans mes études. J'en ai tiré beaucoup, beaucoup plus. Je peux maintenant faire face à la vie de tous les jours et à ses problèmes sans avoir besoin d'une « béquille » pour arriver à finir la journée. Il y a longtemps que je savais que pour réussir dans ce monde, il fallait que je m'en sorte par moi-même, parce que personne ne le ferait pour moi. C'est là que les drogues me faisaient le plus de mal. Elles m'empêchaient d'être capable de le faire par moi-même. Je me suis maintenant évadé de cette prison et je peux continuer de faire ma vie comme elle devrait l'être. Jusqu'à maintenant, je n'avais pas regardé au-delà du lycée. Maintenant, je regarde bien au-delà, pour voir ce que je dois faire pour réaliser mes rêves et mes désirs. Maintenant, j'apprécie d'être désintoxiqué, avant j'en avais horreur. N.S.

Maintenant que j'ai terminé le programme de Purification je me sens très bien. Je me sens comme un adolescent. Je sais que mon corps est propre. Je me sens plus léger et c'est formidable de mouvoir son corps sans efforts. J'ai pris conscience que c'était comme ça que mon corps était censé être et je ne veux pas y mettre quoique ce soit qui puisse le souiller. Mon esprit est vif et clair. Maintenant, je peux me rappeler de choses auparavant oubliées. D.M.

Je pouvais sentir que toutes les drogues étaient parties. Je savais avec certitude que je n'en prendrais plus jamais. M.I.

J'ai nettoyé mon corps. Je me sens physiquement bien. Mon sommeil est revenu et je veux continuer dans le droit chemin. N.N.

J'ai l'impression d'avoir plus d'énergie. Mon besoin d'être sous l'influence des drogues n'est plus aussi intense qu'il l'était il y a quelques mois. La plupart du temps, je n'y pense même pas. Je ressens des émotions que je n'ai pas ressenties depuis pas mal de temps. Quand j'ai commencé, mes sensations étaient engourdies. Maintenant je peux ressentir de la colère, de l'amour, etc. Maintenant je peux me rappeler des choses et mes pensées ne sont plus aussi distantes les unes des autres qu'elles l'étaient auparavant. En bref, je me sens tout simplement bien. J.R.

C'était vraiment génial de pouvoir voir les changements qui se produisaient chaque jour dans mon corps et dans mon esprit. Mon sommeil est redevenu normal, ce qui est pour moi un grand gain. C'est aussi extraordinaire de m'être débarrassé de la confusion et de la désorientation provoquées par les drogues. J.K.

La Popularité Parmi les Artistes et les Athlètes

Quand j'ai commencé ce programme, j'étais dans les vapes et désorienté. Mon milieu professionnel encourageait les drogues. Après avoir effectué environ un tiers du programme, j'ai senti mon esprit devenir, de façon évidente, plus clair qu'il ne l'avait jamais été depuis plusieurs années. Au milieu du programme, ma perception des couleurs et des sons s'est améliorée. Cet état d'esprit lucide a augmenté ma créativité. À la fin du programme, je me suis réveillé tous les jours avec ce merveilleux état d'être. S.P. Auteur, Compositeur.

Mes relations avec les autres personnes dans mon travail et dans ma vie personnelle sont devenues plus franches. L'aspect de ma peau s'est grandement amélioré. Mon corps me semble plus propre et a plus d'énergie. Ma perspective sur la vie me semble plus motivée et plus claire. Les problèmes me préoccupent moins. Je peux déterminer mes priorités avec plus de précision. Je me sens, sans aucun doute, plus stable. L.S. Danseur

Toute ma vie - émotionnellement et physiquement - s'est améliorée avec ce programme. Je suis capable de faire face avec confiance aux situations imprévisibles, et aux situations routinières qui m'auraient posé des problèmes dans le passé. Mon esprit est plus alerte, et mon corps se sent mieux qu'il ne l'a fait depuis des années. K.K. Musicien

Je suis mieux disposée, je ressens un sentiment de bien-être généralisé, ma peau est merveilleusement douce. J'ai l'impression de valoir un million de dollars ! S.A. Actrice

Moins d'heures de sommeil. Un meilleur sens de l'humour. La peau brillante. Une meilleure concentration. Une meilleure attitude pour résoudre les problèmes. F.A. Acteur

Le sentiment de stupidité que je ressentais sous l'effet du stress a disparu. Complètement. Je sens que je peux maintenant penser au reste de ma vie; alors qu'avant je ne pensais qu'à ma santé. Ma peau va mieux et on m'a dit que j'ai meilleure mine que d'habitude. H.R. Musicien

Je suis calme, clair, concentré. Je m'endors rapidement et je me lève tôt. En tant qu'athlète, je suis beaucoup plus concentré et léger. Mes réflexes se sont améliorés ainsi que ma capacité à « faire confiance » aux reflexes instinctifs de mon corps. À chaque instant, il me semble avoir plus de temps, j'anticipe facilement, au point que cela ressemble à de la prédiction. Je me sens plus stable dans la vie... J'ai un sens du moi qui est beaucoup plus fort, et je suis sûr que cela va améliorer ma vie artistique et professionnelle. Avant de faire le programme, je n'avais plus d'intérêt pour quoi que ce soit. Maintenant, l'artiste est rentré d'exil. Merci ! R.S. Acteur

Le blanc de mes yeux est clair pour la première fois depuis des années. Ma peau semble magnifique. Mes problèmes respiratoires ont disparu - je me sens plus « claire ». Je me sens plus forte mentalement et physiquement. U.P. Actrice

Le corps et l'esprit sont en meilleure harmonie - plus de désir de retourner dans un état pollué. Ma forme physique s'est améliorée, mes yeux sont plus « vifs », mon esprit est plus rapide, plus concentré. Je suis plus souple face aux évènements extérieurs; mon sens de l'humour s'est amélioré. Mon minutage est meilleur lors de mes cascades; je ressens une joie sous-jacente, je souris plus souvent. J'ai conscience du stress et de la façon dont il manipule mon corps. J'essaie d'éliminer de mon existence ces facteurs qui me stressent. Je passe moins mon temps dans des « habitudes idiotes ». K.K. Cascadeuse

Cela a été plus qu'un soulagement de savoir que mon corps était débarrassé des matériaux toxiques. Après chaque séance, je me suis senti très léger et plein d'énergie, mais la plupart des bénéfices que j'ai ressentis se verront dans mes activités quotidiennes et dans mes réussites, et maintenant, je suis prêt à voir ce que cela va m'apporter dans mes relations avec les autres gens. M.Y. Joueur de tennis professionnel.

Une mémoire retrouvée. Une meilleure attitude. Un sentiment de robustesse. Nettoyé. Un meilleur jugement. F.M. Champion du monde motocycliste

Les Radiations : Dossiers Médicaux

Il y a aussi eu des rapports détaillant les résultats du programme de Purification sur des personnes ayant été exposées à des radiations. Un médecin a rapporté ceci quand il eut fini le programme :

Avant de commencer le programme de Purification, j'avais eu quelques expositions assez fortes à des radiations. Il s'agissait de longues périodes au soleil, pendant mon enfance et pendant le lycée, et de fréquentes

expositions aux rayons X parce que j'ai travaillé sur des machines à rayons X avec des patients, pendant environ sept ans. Il n'y avait pas de problème physique dont je me plaignais quand j'ai commencé le programme. J'avais pris très peu de drogues. Durant le programme, j'ai eu à plusieurs reprises des rougeurs très marquées, des éruptions de taches accompagnées de nausées et un sentiment solide d'avoir la gueule de bois. Parfois, il y avait une sorte de décharge électrique dans le corps, particulièrement dans les bras et les mains. Ce qui est intéressant, c'est qu'après le programme, j'ai pris conscience que de légères somatiques auxquelles je n'avais jusqu'alors pas fait attention étaient parties. Des petites choses, telles que des nausées inexpliquées ou de légères douleurs dans les muscles et dans les articulations. En conséquence, il y a moins d'attention sur le corps, les somatiques ci-dessus ne se sont pas particulièrement manifestées depuis deux ans que j'ai terminé ce programme. En tant que médecin, cela m'amène à me poser plusieurs questions sur les effets que les différentes sortes de radiations de bas niveau reçues pendant toute une vie peuvent avoir sur une personne ou son corps - ces effets sont probablement plus importants qu'on ne le reconnaît actuellement. G.D.

Une personne a travaillé dans une équipe de décontamination dans le centre de recherche atomique de Hanford, dans l'état de Washington. Il a travaillé à l'intérieur de réacteurs nucléaires et a une fois signalé avoir respiré de la poussière fortement contaminée. Il dit se rappeler avoir travaillé dans une zone si « chaude » qu'il n'était autorisé à y travailler que quelques minutes par jour. Il y avait aussi d'autres zones « *ayant un temps limite de sécurité* » dans lesquelles il travailla plus longuement, jusqu'à dix et même trente minutes. Plus tard, il a fait le programme de Purification.

> *Avant de faire le programme, j'avais l'impression « d'avoir de la masse » autour de la tête. Je pensais que je n'avais pas de problèmes, bien que je savais que cela n'allait pas tout à fait bien. J'avais l'impression qu'il fallait que je manie quelque chose. En faisant le programme, j'ai traversé des périodes de plusieurs jours où je ne me souvenais de rien. Je ne pouvais tout simplement rien me rappeler. J'ai aussi traversé une période d'une semaine où je ne pouvais pas reprendre mon souffle. Vous savez, je n'avais même pas conscience que j'avais un problème avec cela, mais je peux maintenant me rappeler que j'avais le souffle court quand j'escaladais des montagnes, mais uniquement quand il faisait chaud. Depuis que j'ai fait le programme, je suis en pleine forme. Je suis vif, alerte et prêt à faire face à la vie. C'est un fait que maintenant, je me sens mieux et que je ressens mieux la vie. B.H.*

Deux cas concernaient plus particulièrement les essais atomiques américains des années 50.

Un de ces cas concerne une personne qui a grandi dans l'Utah et qui a été exposée, dans son enfance, aux retombées radioactives des tests nucléaires américains dans le Névada. Elle a terminé le programme de Purification en Février 1980 et a décrit quelques unes de ses expériences :

> *Il faudrait dire ce qui s'est passé un soir dans le sauna. Après y avoir été pendant environ trois heures, une quantité énorme de radiations s'est manifestée. Il n'y avait aucune rougeur due à la niacine,*

c'était uniquement la chaleur énorme et la douleur que j'avais ressenties quand j'ai reçu beaucoup de radiations lors des explosions atomiques de 1953. À cette époque, j'étais presque mort des brûlures dues aux radiations. J'ai été énormément irradié en buvant de l'eau qui avait reçu les retombées radioactives. Dans le sauna, j'ai vécu un retour complet à ce moment. J'ai ressenti le chagrin et la colère et la douleur et le gonflement du visage et les ampoules et la douleur dans les os. Je suis alors retourné dans le sauna et j'ai pu « décharger » une grande partie de ce sentiment en restant dans le sauna.

Je sens que j'ai maintenant éliminé toutes les drogues et les fortes doses de radiations auxquelles j'ai été exposé dans cette vie. J'ai retrouvé mon affinité pour les gens et, du fait d'avoir éliminé ces drogues, j'ai plus d'amour et de tolérance pour eux. Il y a eu des moments, lors du programme, où j'ai ressenti une telle joie et où je me sentais comme le gamin que j'avais été... Mon niveau d'énergie s'est énormément élevé.

Les amis avec lesquels j'ai été élevé n'ont pas eu autant de chance. Les essais atomiques ou les retombées des tests effectués dans le Nevada ont nui à de nombreuses vies dans l'Utah. Certains de mes amis de l'Utah sont morts à cause de ces essais. Ma vie aurait été détruite si je n'avais pas fait ce programme. J'ai beaucoup de gratitude pour L. Ron Hubbard qui a développé ce programme. H.J.

L'autre cas concerne un des 2100 marins qui reçurent l'ordre de participer aux essais nucléaires effectués dans le Nevada. Il fut témoin de deux explosions atomiques, en Juin et en Juillet 1957. La seconde explosion de 77 kilotonnes, fut le plus puissant essai atomique jamais effectué dans l'atmosphère sur le territoire continental américain. Il était situé dans une tranchée à l'air libre située à 5 kilomètres de l'explosion. Peu de temps après, il fut envoyé dans une zone située à environ 300 mètres du « point zéro ». Il a eu l'occasion de raconter à un journaliste ce dont il se souvenait à propos de cette explosion :

> *On nous avait dit de nous baisser dans la tranchée et de couvrir nos yeux avec nos avant-bras. Quand l'explosion a eu lieu, j'ai pu voir les os de mes bras bien que mes yeux étaient fermés... Dans la tranchée, nous étions secoués dans tous les sens. C'était comme un troupeau qui paniquait et qui nous piétinait. La force et la chaleur étaient énormes. Nous avions des brûlures derrière le cou. Nous n'étions pas préparés pour quelque chose de ce genre... Nous étions innocents comme des enfants jusqu'à ce que la bombe éclaire le ciel comme en plein jour et quand je me suis tourné, j'ai vu derrière moi un mannequin dont le visage était en feu.*

En 1978, il commença à se sentir malade. Il dit avoir vu trente-six docteurs, mais ils ne pouvaient pas dire ce qui n'allait pas chez lui. Des années plus tard, des gens lui ont parlé du programme et, en 1983, il a décidé d'essayer. Il a noté ses observations :

> *Mes améliorations ont eu plusieurs aspects. Quand j'ai commencé le programme, j'avais atteint un point où je pensais qu'il était très peu probable, voire impossible, de retrouver ma santé. Durant les treize ou quatorze premiers jours, je continuais à penser qu'une amélioration était impossible pour moi. Et puis - BOUM ! Quelque chose de miraculeux s'est*

produit ! C'est bien le diable si je ne commençais pas à me sentir mieux. Un petit mieux d'abord subtil mais que je pouvais noter. Par exemple, ma volonté s'accrut; le sentiment de fatigue commença à se dissiper lentement et avec réluctance. Vers la fin du programme, j'ai pris conscience que j'avais plus de vitalité que je n'en avais jamais eu les sept ou huit dernières années. Émotionnellement, je me sentais mieux. La dépression s'en alla et je pouvais à nouveau ressentir de la joie quand les circonstances s'y prêtaient. Il y a un nouvel espoir pour les victimes des radiations ! J'en suis la preuve vivante ! T.S.

Exposition aux Produits Chimiques : Le Dossier Médical d'un Employé

Un cas extrêmement intéressant fut celui d'une femme qui est allée voir son médecin en se plaignant d'avoir été exposée à des produits chimiques. Parmi ce dont elle se plaignait, il y avait un sentiment constant d'être fatiguée, des problèmes de peau et un sentiment général de « ne pas se sentir bien, en permanence ». Elle dit qu'elle avait été exposée à des produits chimiques lors de son emploi dans une usine de fabrication de produits électroniques. Elle nettoyait chaque nuit les filtres dont le rôle était de piéger la suie et autres particules. Elle les lavait avec de l'eau déjà contaminée qu'elle décrivait comme noire et huileuse.

Après plusieurs entretiens avec des experts médicaux, un professionnel de la santé lui a suggéré de suivre le programme de L. Ron Hubbard sous sa supervision. Elle décida de le faire.

Au bout de quatre jours, elle signala une « chose noire » qui sortait par ses pores et qui ressemblait à l'eau qu'elle utilisait au travail. Cela fut constaté sur les bras, le cou et le visage. L'expulsion de ce matériau noir et huileux continua pendant tout le programme dans des quantités de plus en plus faibles, jusqu'à ce qu'elle ait fini le programme.

Son médecin, un diplômé en médecine professionnelle et médecin depuis plus de vingt ans, et qui est aussi titulaire d'une Maitrise de la Santé Publique, signala ses observations parmi lesquelles se trouvait ce qui suit :

> *Je l'ai vue pour un examen d'évaluation suite au traitement. Subjectivement, elle se sentait bien... De façon spécifique, elle a signalé une augmentation de son énergie, elle sentait que sa vue s'était nettement améliorée, que sa peau s'était considérablement éclaircie, y compris une amélioration de son problème de gencives, des cheveux moins gras et autres améliorations subjectives telles qu'une meilleure perception de la vie, une diminution du gonflement des glandes lymphatiques et une amélioration générale de son bien-être...*
>
> *En résumé, [cette patiente] a très bien répondu au programme Hubbard de désintoxication. Elle se sent bien et est prête à retrouver un emploi quel qu'il soit, à plein temps.*
>
> *Je suis convaincu que le programme Hubbard de désintoxication est le seul mécanisme actuel capable de débarrasser le corps des substances toxiques qui se fixent dans les tissus gras. Je pense que cet exemple démontrera qu'il est vraiment efficace.*

L'Agent Orange : Dossiers Médicaux

Ces dernières années, l'un des sujets de contamination le plus controversé, sinon le plus explosif, a été l'Agent Orange, un herbicide-défoliant dont les militaires des États-Unis se sont servis dans les jungles du Vietnam. Le composant clé de l'Agent Orange est la dioxine, un produit chimique mortel qui se fixe dans les tissus du corps et qui peut provoquer de graves effets sur la santé, même dans de très petites quantités.

Il existe plusieurs cas où des individus disant avoir été exposé à l'Agent Orange ont terminé le programme de Purification. Bien qu'aucun lieu délivrant le programme de Purification ne prétende pouvoir éliminer les effets de l'Agent Orange, les rapports suivants sont des exemples du grand espoir qu'il offre.

> *Avant de faire le programme de Purification, quelque chose n'allait pas. Objectivement, j'agissais de façon analytique, mais de temps en temps, subjectivement, je faisais l'expérience de psychoses et de névroses dans des domaines spécifiques de ma vie, ce qui diminuait ma capacité à être. Je suis un ancien marin qui a combattu dans la guerre du Vietnam entre 1968 et 1969.*
>
> *Mis à part les combats incessants, j'ai aussi été mortellement exposé à des gaz et à des toxiques, particulièrement à l'Agent Orange et à une sorte de gaz attaquant les nerfs, pendant mon service et lors de la guerre du Vietnam. Avec le programme de Purification, ces toxines ont été réellement éliminées. Elles m'empêchaient vraiment de penser correctement et logiquement; elles limitaient mes perceptions et mon contrôle du corps. Seigneur, une sacrée surprise m'attendait pendant le programme et après sa terminaison !*
>
> *J'ai littéralement effacé un incident qui me bloquait*

sur la piste du temps[1] le dramatisant dans le temps présent, et dont je n'étais pas conscient. Je considérais que mon environnement était dangereux - je veux vraiment dire dangereux, comme il l'était dans la jungle du Sud Vietnam. Mais croirez-vous que j'étais toujours « au » Sud Vietnam, alors que je l'avais quitté en 1969 ? Le programme de Purification m'en a complètement sorti, de même qu'il m'a totalement orienté dans mon environnement présent.

Il a vraiment fait beaucoup. Ce que je veux dire, c'est que ce sont des actions très simples, mais, pour ce qui est des résultats et des gains que j'ai eus, des actions très puissantes. Le programme de Purification a changé ma vie, mon bien-être physique et mon attitude vers une meilleure survie, à la fois objectivement et subjectivement. Je ne cherche plus en permanence « mon ennemi » (qui n'était pas là) ou je ne marche plus prudemment dans des zones d'herbes (en cherchant des mines qui n'y sont pas) pour pouvoir vivre une autre journée.

Il m'a ouvert une porte - une porte qui peut me permettre de vivre. Mon corps est en bien meilleur état en ce qui concerne sa coloration et la pigmentation de sa peau. Beaucoup de personnes m'ont fait des remarques sur ma bonne forme. Je suis en bonne santé et je suis conscient que je contrôle mon corps qui était diminué par ces toxines, particulièrement par l'Agent Orange, avant de faire le programme de Purification. En tant qu'ancien du Vietnam, je peux dire que la vie vaut le coup d'être vécue et créée. Il y a un espoir pour les vétérans du Vietnam qui en

1. **piste du temps :** l'enregistrement consécutif d'images mentales qu'une personne accumule tout au long de sa vie. Voir également images mentales.

> *subissent encore le syndrôme bien qu'ils n'y soient plus. W.B.*

Voici un autre rapport, celui d'un homme qui s'est engagé dans l'armée en 1962. En 1964, il fut emmené par avion à Saïgon, au Vietnam, et de là en Thaïlande. Dans une déclaration sous serment, il raconte son histoire :

> *Durant cette année, d'Octobre 1964 à Octobre 1965, j'ai constaté que des avions arrosaient la jungle juste au-delà de la base où je me trouvais. Lors de l'un de ces arrosages, le vent soufflait dans ma direction et une partie du produit se déposa sur ma peau, sur le cou et sur la partie supérieure de ma poitrine. Un caporal m'avait dit que l'arrosage était fait pour empêcher la jungle de pousser trop haut. Environ une semaine après avoir été en contact avec le produit, des plaies qui saignaient légèrement sont apparues. Elles étaient uniquement dans les zones où le produit m'avait touché.*
>
> *Je suis allé à l'hôpital de campagne pour faire vérifier cet état, car je ne savais pas ce qui se passait. Ces plaies ne guérissaient pas du tout et elles semblaient s'aggraver. Je fus examiné dans cet hôpital de campagne et les plaies furent diagnostiquées comme de l'acné, une crise aiguë d'acné. On me dit de mieux me laver et on me donna du péroxyde pour nettoyer les plaies. Je fis exactement ce qu'on m'avait dit et les plaies devinrent plus profondes. L'une d'elles était si profonde que je pouvais y mettre un coton tige au-delà du tampon de coton. Je dois dire que je me sentais très apathique par rapport à cette condition.*
>
> *Je devais retourner aux États-Unis et être libéré du service en Octobre 1965. Je suis retourné à l'hôpital de campagne pour obtenir ma décharge médicale et*

on m'a dit une nouvelle fois que je ne me lavais pas suffisamment et que j'avais toujours de l'acné. Je n'étais pas, et ne suis toujours pas docteur, aussi ai-je cru ce qu'on me disait. J'ai pris ma décharge médicale et je suis retourné aux États-Unis où je fus libéré.

D'octobre 1965 jusqu'en 1978 j'ai eu ces plaies. Elles étaient toujours ouvertes et elles saignaient parfois légèrement. Parfois j'avais aussi des désordres mentaux.

En 1978, j'étais un paroissien de la Mission de l'Église de Scientologie de Fort Laudersdale en Floride. Un des services offerts à cette mission était un programme destiné à manier les effets néfastes des résidus de drogues emmagasinés dans le corps. Ce programme était appelé le « Programme de Sudation ».

Deux semaines après avoir commencé le « Programme de Sudation », mis à part les gains spirituels que je ressentais, les plaies s'étaient nettoyées et je me sentais à nouveau bien, bien que les plaies n'aient pas entièrement disparu.

Le « Programme de Sudation » fut plus tard affiné et amélioré et il fut remplacé par le Programme de Purification. En 1981, je fis le programme de Purification et les plaies se résorbèrent complètement. C'est en faisant ce programme que j'ai finalement pris conscience que ces plaies provenaient de l'Agent Orange auquel j'avais été exposé en 1965.

L'expérience relatée ci-dessus n'est pas unique. Un autre homme servit dans une Unité de Marine du Contrôle Aérien au

Vietnam entre août 1967 et août 1968. Il était sûr d'avoir été exposé à l'Agent Orange alors que celui-ci était vaporisé à deux ou trois miles de sa base.

> *De retour du Vietnam, j'avais un problème permanent avec des éruptions partout sur le corps. J'ai découvert plus tard que cela s'appelle chloracné,[2] (un genre de chlorose). J'avais aussi des problèmes de foie, des maux de tête continuels (des migraines) et une incapacité à prendre de l'alcool sans tomber malade. Par ailleurs, ma femme avait eu deux fausses couches et n'avait pu, depuis, devenir enceinte.*
>
> *Il y a environ un an, j'ai terminé le programme de Purification. Je ne suis plus gêné par le chloracné. J'ai toujours des taches blanches là où il avait eu des éruptions. J'ai rarement des maux de tête et ceux que j'ai, ont rarement l'intensité de ceux que j'avais avant.*
>
> *Ma femme est à nouveau enceinte depuis plus de quatre mois. La période la plus longue pendant laquelle elle avait pu rester enceinte était de moins de trois mois. J'attribue tous ces changements dans ma santé physique au programme de Purification de L. Ron Hubbard, que j'ai effectué.*

Cet ex-Marin a écrit ce rapport en Décembre 1981. L'enfant qu'il attendait alors, est né en bonne santé, c'est un garçon. Et la famille s'est agrandie puisqu'ils ont eu, depuis, une petite fille.

Les Essais Scientifiques

Trois ans après que le programme ait été publié, il fut testé de façon indépendante sur un groupe de personnes qui avaient

2. **chloracné :** un genre de chlorose, une forme d'acné sévère et parfois permanente résultant d'une exposition aux composés du chlore, tel que la dioxine. Voir également *acné* et *dioxine* dans le glossaire.

été contaminées par un produit chimique destiné à ralentir la progression d'un feu (des biphenyls polybrominés[2] PBBs). Il s'agissait de résidents de l'état du Michigan où en 1970, des millions de personnes avaient été exposées à ce produit chimique lors d'une contamination massive due à des produits agricoles. Des études précédentes avaient déjà établi qu'il fallait de dix à vingt ans, voire plus, pour que la quantité de résidus de PBBs ou de produits chimiques similaires tels que les PCBs (biphenyls polychrominés, produits qu'on retrouve dans les agents industriels de refroidissement) soit divisée de façon naturelle par deux. Au vu de ces résultats, le groupe de chercheurs mit au point une méthode pour déterminer la quantité de PBBs et de PCBs dans les tissus graisseux avant le programme de Purification, immédiatement après et quatre mois après. Les résultats furent assez surprenants.

La Réduction du Niveau de Produits Chimiques Toxiques dans le Corps

Le groupe d'étude rapporta que le programme de Purification provoquait une réduction immédiate de la quantité de produits chimiques d'environ 20 pour cent pour les 16 produits chimiques étudiés. Les résultats, après une période de quatre mois, indiquaient une réduction moyenne de 40 pour cent pour tous les produits chimiques. Le fait que le niveau de produit chimique continuait de diminuer après que le programme soit

2. **polybrominated biphenyls ou PBB :** En été 1973, les produits chimiques toxiques inflammables et à retardement furent accidentellement ajoutés à des stocks alimentaires dans le Michigan. Une-étude approfondie effectuée par des chercheurs de l'école de Médecine Mount Sinai de New York City a indiqué que même cinq ans après l'accident, la population presque entière de l'état avait été contaminée par le polybrominated biphenyls ou PBB. L'incident complet de la contamination a été décrit en détail dans différentes publications. Parmi celles-ci on peut citer : *PPB : An American Tragedy,* par Erwin Chen, Prentice-Hall, 1979; *The Contamination Crisis in Michigan : Polybrominated Biphenyls, A Report From The Senate Special Investigation Committee,* Michigan State Senate, July 1975.

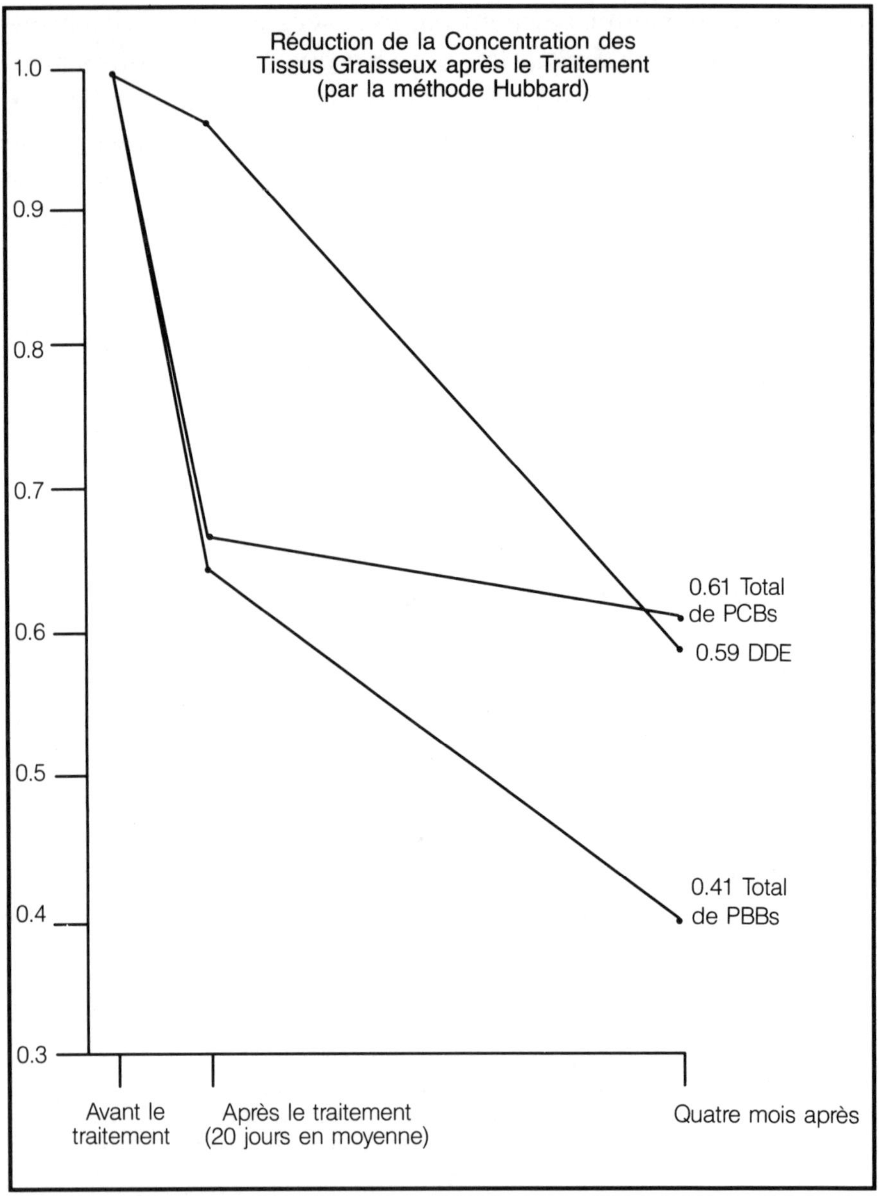
Réduction de la Concentration des
Tissus Graisseux après le Traitement
(par la méthode Hubbard)
1.0
0.9
0.8
0.7
0.6
0.5
0.4
0.3
0.61 Total
de PCBs
0.59 DDE
0.41 Total
de PBBs
Avant le
traitement
Après le traitement
(20 jours en moyenne)
Quatre mois après

terminé a été confirmé dans d'autres études. En 1984, un médecin rapporta dans le journal *Clinical Research,* les résultats des tests qu'il avait effectués sur les tissus graisseux de personnes qui avaient effectué le programme. Il rapporta que le taux de produits liés au DDT (DDE) avait diminué de 29 pour cent au bout de 53 jours. Après une période de 250 jours - bien après que la personne ait terminé le programme de Purification - le niveau de DDE avait été réduit de 97 pour cent.

Dans un article paru en Mai 1984 dans le magazine du Conseil de Sécurité National américain, le Docteur Max Ben dit : « Vu que plus de 20 millions d'américains travaillent avec des produits chimiques dont on sait qu'ils sont toxiques pour le système nerveux et pour d'autres parties du corps, le potentiel bénéfique de techniques de désintoxication telles que celle développée par L. Ron Hubbard est immense. Si, ainsi que la procédure de Mr Hubbard le laisse penser, les toxines chimiques peuvent être éliminées du corps sans risque et de façon efficace, il peut alors être possible de résoudre l'intégralité du problème de la contamination des hommes et des maladies liées aux produits chimiques. »

Conclusion

L'intention des éditeurs dans cet appendice n'est pas de faire des promesses de guérisons mais seulement de donner quelques exemples de ce que des milliers de personnes ont ressenti en faisant le programme de Purification décrit dans ce livre. Il ne serait pas difficile de remplir tout un livre avec de tels rapports - les bénéfices tirés par les gens couvrent des domaines d'amélioration très variés. Nous avons essayé de sélectionner les cas qui donneraient une vue générale sur l'ensemble des personnes qui effectuent le programme et sur les phénomènes qui ont été signalés.

Les Éditeurs

Appendice B

Où Faire le Programme de Purification ?

Les Églises ont existé depuis les premiers pas de l'homme, cherchant à aider les gens dans leur quête vers une vie plus heureuse et plus réussie.

Avec l'accroissement du problème de la drogue et de ses conséquences désastreuses, à la fois sur les individus et sur la société, offrir un service qui puisse aider une personne à surmonter et à renverser les dommages provoqués par les drogues et les toxines devient une nécessité vitale pour accomplir un tel but.

Depuis 1980, les Églises de Scientologie offrent un tel service - le programme de Purification de L. Ron Hubbard. Des dizaines de milliers de personnes ont terminé avec succès ce programme, dans les Églises et les organisations de Scientologie. Les déclarations de ceux qui ont terminé le programme sont plus qu'élogieuses et elles félicitent celui qui a effectué des recherches et mis au point ce programme - L. Ron Hubbard.

Toute sa vie, Mr Hubbard a voué son travail à développer une technologie qui aide les gens à atteindre une conscience et une liberté spirituelle. Ainsi qu'il l'a dit dans un article intitulé *Ma Philosophie :*

« J'aime aider les autres et mon plus grand plaisir dans la vie est de voir quelqu'un se libérer des ombres qui assombrissent sa vie.

Ces ombres lui semblent tellement impénétrables et ont tellement de poids sur lui, que lorsqu'il découvre qu'elles ne sont que des ombres et qu'il peut voir au travers de celles-ci, les traverser et être à nouveau au soleil, il s'en rejouit énormément. Et je m'en réjouis aussi. »

Il n'y a aucune raison pour que qui que ce soit reste piégé dans l'ombre des effets des drogues et des toxines.

Les Églises et les organisations de Scientologie sont entièrement équipées pour que vous puissiez faire le programme de Purification, avec un personnel technique parfaitement entraîné dans la délivrance et la supervision du programme. Chaque jour, dans le monde entier, des gens entrent dans une Église de Scientologie et commencent le programme de Purification. Ces gens proviennent de tous les horizons : anciens drogués, hommes d'affaires, célébrités, femmes au foyer. Les raisons pour lesquelles elles commencent le programme de Purification ne sont pas les mêmes, mais en faisant ce programme, elles accomplissent un pas important sur la route vers la véritable liberté et les aptitudes personnelles.

Vous pouvez faire le programme de Purification dans l'Église ou l'organisation de Scientologie la plus proche de chez vous. Une liste des organisations de Scientologie est incluse à la fin de ce livre.

Le programme de Purification est une invitation pour commencer à vivre !

Les Éditeurs

Au Sujet de l'Auteur

Au Sujet de l'Auteur

L. Ron Hubbard fut l'un des auteurs parmi les plus prolifiques et les plus appréciés de tous les temps. Premièrement parce que ses travaux représentent une percée dans la connaissance de la nature de l'homme — connaissance non pas indirectement acquise mais bien vécue à travers de nombreuses expériences parmi les gens d'autres pays.

Comme il le dit lui-même : « On n'apprend pas la vie en méditant dans une tour d'ivoire. On apprend la vie en y prenant part ». Et c'est ainsi qu'il l'a vécue.

Il commença ses recherches concernant la connaissance sur la nature de l'homme à un âge très précoce. À huit ans, il était déjà bien avancé pour devenir un voyageur expérimenté. Et à l'époque où les voyages aériens n'étaient pas encore communs, il avait déjà traversé un quart de million de miles (soit environ 400 000 kms) alors qu'il n'avait que dix-neuf ans. Ses aventures l'entraînèrent à faire des voyages en Chine, au Japon et en d'autres lieux de l'Orient et du Pacifique Sud. Durant cette période, il se familiarisa avec vingt et une races et cultures différentes qui vivent dans le monde.

À la fin des années 30, Ron poursuivit ses études dans les mathématiques et l'ingénierie à l'université George Washington, où il fut aussi membre de l'une des premières classes américaines qui étudia la physique nucléaire. Il réalisa que ni la compréhension orientale des matières spirituelles, ni le savoir scientifique occidental de l'univers matériel ne comprenaient la réponse complète aux problèmes de l'existence. Malgré toutes les percées de l'humanité dans les sciences physiques, une technologie *appropriée* du mental et de la vie n'avait jamais été développée. Les « technologies » mentales qui existaient, psychologie et psychiatrie, étaient en fait, des sujets barbares et faux - pas plus appropriés que les méthodes des sorciers de la jungle. Ron assuma donc la responsabilité de combler cette carence concernant les connaissances de l'humanité.

Au cours des années trente et quarante, tout en finançant lui-même ses premières recherches avec ses oeuvres de science-fiction, il devint l'un des auteurs les plus connus et les plus recherchés de l'âge d'or de l'aventure et de la science-fiction. Il ne s'interrompit uniquement que pour faire son service militaire dans la Marine des États-Unis au cours de la Deuxième Guerre Mondiale.

À la fin de la guerre, estropié et partiellement handicapé, Ron s'appliqua ce qu'il avait appris durant ses recherches et il fit une percée en développant des techniques qui lui permirent de recouvrer la santé. Il en conclut donc que les résultats qu'il obtenait pouvaient également aider les autres à regagner des aptitudes et un bonheur plus élevés. Ce fut à ce moment-là, que quelques-uns des principes de base de la technologie de La Dianétique furent formulés pour la première fois. Une partie de ses premières recherches sur la nature des phénomènes du mental comprend une étude du système endocrinien et des effets sur le mental et les aptitudes d'absorbtion et d'utilisation des éléments nutritifs par le corps.

En 1948, il écrivit un manuscrit détaillé de ses découvertes. Ce manuscrit ne fut pas publié à ce moment là, mais des copies furent réalisées et circulèrent parmi ses amis qui se les passaient de mains en mains. (Ce manuscrit fut formellement publié en 1951 sous le titre : *Dianetics, The Original Thesis, [Dianétique, la Thèse Originelle],* puis republié plus tard sous le titre : *The Dynamics of Life, [Les Dynamiques de la Vie].*) L'intérêt créé par ce manuscrit provoqua un flot de questions réclamant plus d'informations sur le sujet.

Ron tenta de mettre ses découvertes à la disposition de American Psychiatric Association (l'Association Psychiatrique Américaine) et de American Medical Association (L'Association Médicale Américaine). En dépit du fait que ces Associations auraient pu bénéficier de ses travaux, puisqu'ils leur étaient offerts et qu'elles auraient également pu en faire largement profiter l'ensemble de la société, elles les ignorèrent et continuèrent leurs activités archaïques.

Entre-temps, le flot de lettres réclamant plus d'informations et de détails concernant l'application de ce sujet, augmentait sans cesse et Ron passait tout son temps à répondre aux lettres. Il décida donc d'écrire et de publier un livre, un texte sur le sujet afin qu'il soit compréhensible et ce fut — *La Dianétique : La Puissance de la Pensée sur le Corps.*

Avec la publication de *La Dianétique : La Puissance de la Pensée sur le Corps,* le 9 mai 1950, les fondements exacts de la technologie de La Dianétique furent rendus largement disponibles pour la première fois. L'intérêt du public pour ce livre se répandit comme une traînée de poudre et le livre grimpa au sommet de la liste des best-sellers du New-York Times pour y rester pendant des semaines. Plus de 750 groupes d'étudiants en Dianétique se constituèrent en quelques mois avec ce livre.

L'oeuvre de L.Ron Hubbard ne s'arrêta pas avec le succès de La Dianétique. De nouvelles recherches le conduisirent aux véritables fondements de la vie elle-même et c'est à partir de ces découvertes qu'il développa la Scientologie, la première technologie totalement fonctionnelle qui permet d'améliorer les aspects et les conditions de la vie.

Au cours de ses recherches, l'un des secteurs sur lequel il porta son attention fut celui de la réhabilitation des drogués. Il développa une technologie qui est maintenant utilisée par les centres Narconon, et ces derniers offrent aux toxicomanes, aux utilisateurs de drogues dures, la possibilité de recouvrer leur santé. Utilisant exclusivement ses techniques, les centres Narconon ont une proportion impressionnante de réussites concernant l'aide apportée aux gens qui veulent sortir de l'emprise des drogues — et *rester* hors de leur portée.

L. Ron Hubbard étudia aussi considérablement le domaine des vitamines, des minéraux, et de la nutrition, et fit une percée qui permet aux toxicomanes de sortir de l'emprise des drogues plus facilement, sans avoir à subir les horribles et pénibles symptômes bien connus, qui sont reliés à l'état de manque.

Au cours de l'énorme expansion mondiale de l'usage des drogues, entre 1960 et les premières années de 1970, il découvrit que les gens ne bénéficiaient pas de tous les gains qui étaient possibles grâce aux techniques de Dianétique et de Scientologie à moins que les effets causés par les drogues n'aient été dissipés. Il développa des techniques pour remédier aux effets que les drogues ont sur le mental, et au cours de recherches plus avancées, il découvrit le facteur des résidus de drogues qui restent logés dans le corps. C'est à partir de cette découverte que le programme de Purification fut développé et qu'il fut lancé en 1979 par L. Ron Hubbard.

Ron poursuivit ses recherches tout en écrivant jusqu'en 1985, amassant une énorme quantité de matériaux totalisant environ 60 millions de mots — enregistrés sous formes de livres, manuscrits, et conférences enregistrées. Aujourd'hui, ses travaux sont étudiés et quotidiennement appliqués dans des centaines d'Églises de Scientologie, des missions, et des organisations dans le monde.

Le 24 janvier 1986, ses recherches étant complètement terminées et codifiées, L. Ron Hubbard quitta son corps.

Les oeuvres de L. Ron Hubbard ouvrent une nouvelle porte pour l'humanité. Grâce à ses travaux, il existe maintenant une Technologie complète et utilisable qui permet aux gens de s'entraider mutuellement afin d'améliorer leurs conditions de vie tout en atteignant leurs buts.

Glossaire

acide folique : une vitamine importante dans la formation des globules rouges du sang.

acide pantothénique : un acide qui se trouve dans les plantes et dans les tissus des animaux, le riz, le son, etc., c'est une partie des vitamines B complexes et c'est essentiel à la croissance des cellules.

acné : une maladie commune de la peau, en particulier parmi les jeunes personnes. Les glandes de la peau à sécrétion huileuse s'enflamment et provoquent des boutons sur la figure, dans le dos et sur la poitrine.

adage : proverbe exprimant une expérience ou l'observation commune; proverbe.

additif : une chose qui a été ajoutée. Généralement avec une notion péjorative dans le fait qu'un *additif* est dit de quelque chose qui est inutile ou préjudiciablement ajouté à la procédure exacte. Additif veut généralement dire : écart par rapport à la procédure exacte. Par exemple, quelqu'un fait le programme de Purification, rajoute des exigences relatives à la nutrition ou les modifie par rapport à la procédure de base du programme. Cela signifie que la personne commet une entorse à l'égard de la procédure exacte.

adipeux : qui a les caractères de la graisse; qui constitue la graisse.

ADN : abbréviation de acide désoxyribonucléique; un composé complexe qui se trouve dans toutes les cellules vivantes et qui intervient principalement dans l'hérédité. En matière de chromosomes, c'est la direction qui contrôle les fonctions héréditaires d'un animal ou d'une plante. Dans les chromosomes, l'ADN fournit un ensemble complet d'« instructions », concernant leur propre développement ainsi que celui des descendants pour les générations à venir.

Agent Orange : un puissant herbicide et défoliant contenant de la dioxine, un produit toxique soupçonné de provoquer de sérieux problèmes de santé, y compris le cancer et des dommages génétiques chez les personnes qui y sont exposées, et aussi des malformations à la naissance; utilisé par les forces armées des USA durant la Guerre du Vietnam pour défolier la jungle (1965-1970). Le nom d'Agent Orange provient de la couleur des rayures qui étaient sur les bidons dans lequel il était stocké.

alcalin : de la catégorie, ou comme les substances qui neutralisent et sont neutralisées par les acides, en formant des solutions caustiques, corrosives dans l'eau.

algue : un groupe de plantes, soit unicellulaires ou multicellulaires poussant souvent en colonies. L'algue contient de la chlorophylle (la partie colorée en vert des plantes) et d'autres pigments, mais n'a pas de véritable racine, tige ou feuille. On les trouve dans l'eau et les endroits humides.

amiante : variété fibreuse d'amphibole; fibres extraites de ce minerai, insensibles à l'action d'un foyer ordinaire, ne fondant qu'au chalumeau. L'amiante ne conduit pas la chaleur ni l'électricité; elle est connue pour provoquer le cancer des poumons quand elle est respirée.

amino-acide : composant organique de base essentiel à la décomposition des corps lors de l'absorption de nourriture.

amygdalite : inflamation des amygdales, appelée aussi angine.

analgésique : qui supprime ou atténue la sensibilité à la douleur.

anémie : diminution du nombre ou du volume des globules rouges ou de la totalité de l'hémoglobine (qui fait circuler l'oxygène dans les tissus) dans le système sanguin, et se manifestant par la paleur de la peau, une faiblesse généralisée, etc.

angel dust : argot, anesthésique employé comme tranquillisant pour les animaux. Employé également illégalement en tant qu'hallucinogène. Appelé aussi *PCP*.

ARN, *a*cide *r*ibo*n*ucléique : l'un des composants qui se trouve dans toutes les cellules vivantes. Substance qui exécute les instructions de l'**ADN** pour la production de la protéine. Voir aussi **ADN.**

atrophie : défaut de nutrition d'un organe ou d'un tissu, qui se manifeste par une diminution notable de son volume ou de son poids normal.

autopsie : examen et dissection de toutes les parties du corps après la mort, en vue de déterminer la cause du décés.

B_1 *voir* **vitamine B_1**

B_2 *voir* **vitamine B_2**

B_6 *voir* **vitamine B_6**

B_{12} *voir* **vitamine B_{12}**

B complexe : *voir* **vitamine B complexe.**

bactérie : nom général donné aux microbes unicellulaires, de forme allongée (bacilles), ou sphérique (coques).

bioplasma : un additif diététique pris pour réapprovisionner des stocks de différents sels minéraux qui se trouvent naturellement dans l'organisme.

biotine : une vitamine qui contient une quantité importante de protéines, d'hydrates de carbone et d'acides gras insaturés pour le métabolisme, pour une croissance normale et un maintien de l'épiderme, des cheveux, des nerfs, de la moëlle épinière et des glandes diverses.

catalytique : qualité d'une substance qui change, accélère, ou fait démarrer un processus chimique.

chaud : appartenant à ou contenant de la radioactivité.

chelaté : un procédé par lequel les minéraux sont conservés, comme s'ils étaient comprimés par les acides aminés. *Chelation* mot grec qui signifie « serre ». Ceci réunit un minéral avec un acide aminé qui existe dans la nature, puisque c'est l'étape qui est nécessaire pour que le minéral soit absorbé et utilisé par le corps. Ainsi, cette étape étant déjà préparée, le minéral est plus facilement absorbé et utilisé. Voir également amino-acide.

chloracné : un genre de chlorose, une forme d'acné sévère et parfois permanente résultant d'une exposition aux composés du chlore, tel que la dioxine. Voir également *acné* et *dioxine* dans le glossaire.

choline : une vitamine importante pour le fonctionnement du système nerveux (c'est un ingrédient essentiel dans le fluide nerveux), le foie et la structure de l'immunité.

chromosome : (du grec Krôma, couleur et sôma corps). Les chromosomes, en forme de grains, de filaments arqués ou de bâtonnets, sont en nombre constant (et pair) dans toutes les cellules d'un même individu et chez tous les individus de la même espèce. Ils contiennent les gènes, supports matériels de l'hérédité.

cocaïne : alcaloïde extrait du coca utilisé en médecine pour ses propriétés analgésiques et anesthésiques.

codéine : un narcotique en provenance de l'opium et ressemblant à la morphine, mais d'une accoutumance moins intense : utilisée pour soulager des douleurs et dans les traitements pour combattre la toux.

colite : inflammation du côlon (une partie du gros intestin).

coup de chaleur : un trouble des mécanismes de régulation de la température du corps provoqué par une exposition excessive à la chaleur, provoquant de la fièvre, une peau sèche et chaude, et un pouls rapide, accompagné parfois par un delirium et un coma.

Davis, Adelle : Important médecin Américain dans le domaine de la nutrition, auteur de nombreux livres et parmi lesquels, *Let's Eat Right to Keep Fit, Let's Cook It Right, Let's Have Healthy Children* et *Let's Get Well.*

défoliant : un produit chimique employé pour détruire ou provoquer en grande quantité la chute des feuilles, comme dans une jungle par exemple, une forêt, etc., utilisé pour démasquer les troupes ou les forces de guérilla de leur cachette.

delirium tremens : délire alcoolique aigu accompagné d'agitations, d'hallucinations, de tremblements et de fièvre.

désintoxication : traitement destiné à éliminer les produits toxiques et à réparer les désordres qu'ils ont engendrés.

dextérité : habileté ou adresse en utilisant les mains ou le corps; agilité; adresse ou habileté mentale également; ingéniosité.

diète : suppression d'une partie ou de la totalité des aliments à des fins thérapeutiques.

dioxine : produit chimique hautement toxique utilisé dans certains herbicides ou défoliants.

diplômé : une personne qui a reçu un diplôme, en particulier un docteur, un ingénieur, etc., et qui a reçu un certificat de spécialiste par un bureau de la branche concernée dans sa discipline.

dramatiser : refaire une action qui est arrivée à quelqu'un par expérience; rejouer maintenant quelque chose qui s'est produit alors. *Dramatisation* est la duplication par une personne dans son environnement du temps présent du contenu d'une image mentale, en entier ou partiellement. Le degré de dramatisation est en rapport direct avec le degré de restimulation des images mentales qui le provoque. Quand un individu dramatise, il est comme un acteur jouant une partition imposée et passant par toute une série d'actions irrationnelles. Voir également **image mentale** et **restimilation** dans le glossaire.

drogues de la rue : drogues qui sont vendues et distribuées dans la rue, plutôt que suivant une prescription.

endocrinien : du grec endo, « en dedans »; endocrine : du grec Krinein « sécréter ». Se dit des glandes à sécrétion interne, dont les produits sont déversés directement dans le sang, (exemple l'hypophyse, la tyroïde). Endocrinien : (de endocrine). Relatif aux glandes endocrines. Le système endocrinien.

enzymes : substances organiques complexes sécrétées par certaines cellules de plantes et animaux qui provoquent un changement chimique dans la substance dans laquelle elles opèrent.

éther : une drogue utilisée pour effectuer une anesthésie, avant une opération chirurgicale.

eucalyptus : grand arbre exotique originaire d'Australie, à feuilles pointues très odorantes et qui sont à l'origine d'huiles médicinales, et qui a un bois très dur servant dans la construction.

euthanasie : théorie selon laquelle il est charitable et légitime de provoquer la mort de malades incurables dont la fin est proche, lorsqu'ils souffrent trop. Cependant sous la pratique de la psychiatrie, l'euthanasie est devenue « l'acte consistant à tuer les personnes considérées comme une charge pour la société ».

excitation : sensation; agitation de plaisir.

fibre : la structure des plantes et les produits des plantes qui consistent en hydrates de carbone, complètement ou partiellement indigestes, aidant à entraîner les déchets des produits alimentaires le long des intestins.

flipper : être sous l'influence de la drogue; hébété ou abruti.

fœtus : mot latin; produit de la conception non encore arrivé à terme, mais ayant déjà les propriétés de l'espèce. (Chez l'homme l'embryon prend le nom de fœtus vers le début du quatrième mois de la grossesse et le garde jusqu'à la naissance.)

ganglions lymphatiques : toute masse glanduleuse de tissu dans le corps qui produit de la *lymphe*, un fluide jaunâtre, clair contenant les globules blancs du sang et d'une composition comparable à celle du plasma.

gastro-entérite : inflamation simultanée des muqueuses de l'estomac et des intestins.

genèse : la naissance, la formation de quelque chose; son commencement; son origine.

goutte : maladie aiguë, caractérisée par des poussées inflammatoires autour des articulations, avec dépôts d'urates. Dû à un excès d'acide urique (substance blanche, sans odeur, qui se trouve dans l'urine) dans le sang.

gradient : une approche graduelle de quelque chose pris étape par étape, niveau par niveau, chaque étape ou niveau étant, par lui-même facilement surmontable, de manière à ce que finalement, des activités tout à fait complexes et ardues puissent être accomplies avec une aisance relative.

gueule de bois : Fam. effets physiques désagréables après avoir bu, tels que maux de tête ou troubles à l'estomac, ressentis généralement quelques heures après avoir cessé de boire.

haschisch : une drogue obtenue à partir de la résine contenue dans la fleur au sommet du chanvre; mâché ou fumé pour ses effets, euphoriques et d'intoxication.

héroïne : médicament et stupéfiant succédané de la morphine, poudre blanche cristalline, très toxique, employée comme calmant. Du Grec *héros*, sensation et pouvoir euphorique qu'il entraîne.

images mentales : les images mentales sont des images ayant trois dimensions, contenant des couleurs, du son, de l'odorat, et toutes les autres perceptions, plus les conclusions ou spéculations de l'individu. Ce sont les copies mentales de ses perceptions à un moment de son passé. Par exemple, une personne ayant pris du LSD, garderait des « images » de cette expérience dans son mental, en totalité avec les souvenirs de la vue, des sensations physiques, de l'odorat, du son, etc., qui se sont déroulés alors qu'il se trouvait sous l'influence du LSD. Pour plus d'information concernant ces images mentales, consultez le livre qui s'intitule : La Dianétique, La Puissance de la Pensée sur le Corps, écrit par L. Ron Hubbard.

impact : créer une impression, avoir un effet sur quelque chose ou quelqu'un.

inositol : une vitamine très concentrée et qui se trouve dans le cerveau, l'estomac, les reins, la rate et le foie; reliée au contrôle du niveau de cholestérol; rapportée comme ayant un effet inhibiteur modéré sur le cancer.

iode : un élément chimique qui se trouve dans l'eau de mer et dans certaines herbes, algues, utilisé en solution et en qualité d'antiseptique; l'iode est utilisé par la glande thyroïde (une grosse glande située à la partie antérieure du cou, sécrétant une hormone qui régularise la croissance et le développement du corps). Corps ou glande thyroïde. Glande endocrine située devant la trachée-artère, produisant la thyroxine qui intervient dans la croissance et le métabolisme.

ion : un atome ou un groupe d'atomes chargés d'électricité formés par la perte ou l'acquisition d'un ou plusieurs électrons. Un ion positif est créé par la perte d'un électron, et un ion négatif est créé par l'acquisition d'un électron.

IU: abbréviation pour *U*nité *I*nternationale, un accord standard international, unité à partir de laquelle une substance, telle que la drogue, l'hormone ou certaines vitamines, est comparée pour vérifier leur puissance relative. *IU* représente également la quantité particulière d'une substance qui provoque un effet biologique spécifique.

kilotonne : mesure de la force d'une explosion équivalente à 1 000 tonnes de TNT.

lécithine : substance organique graisseuse que l'on trouve dans le jaune d'oeuf et qui contient du phosphore (un minerai aidant à fournir de la force aux os et qui favorise le métabolisme).

Librium : marque de fabrique d'une drogue tranquillisante employée par la psychiatrie pour tenter de supprimer les symptômes de l'anxiété.

LSD : abrév. de Lyserg Säure Diethylamid « acide lysergique diéthylamide ». Substance hallucinogène tirée d'alcaloïdes présents dans l'ergot de seigle. Produit des hallucinations temporaires et un état de schizophrénie psychotique. Une substance cristalline solide.

lucide : caractérisé par une perception ou une compréhension claire; rationnelle ou saine;

mannequin : le modèle d'un corps humain pour enseigner l'anatomie, montrant les opérations chirurgicales, etc.

manganèse : un minéral important pour la croissance, la formation des os, la reproduction, la coordination de la musculature, la corpulence, et le métabolisme de l'hydrate de carbone.

manifestation : ce qui apparait et se passe pendant le programme de Purification quand l'organisme évacue ses toxines, drogues, alcool, etc.

marijuana : stupéfiant voisin du chanvre indien. Feuilles et fleurs séchées du chanvre, employées sous forme de cigarette en tant que narcotique ou hallucinogène.

méthadone : un narcotique synthétique, similaire à la morphine mais qui est efficace oralement, utilisée dans le soulagement de la douleur et en tant que substitut à l'héroïne dans le traitement de la dépendance de l'héroïne. La méthadone échoua en tant que « solution » au problème de dépendance de l'héroïne car les gens devenaient alors dépendants de la méthadone.

migraines : maux de têtes intenses et périodiques, limités généralement sur un côté de la tête et accompagnés souvent de nausées, de désordres de la vue, etc.

misemotion : un mot fabriqué, utilisé pour signifier une émotion ou une réaction émotionnelle qui n'est pas appropriée à la situation du temps présent. Il est tiré de l'anglais *mis-* (faux) + *émotion.* Dire qu'une personne avait des *misemotions* voudrait indiquer que la personne n'a pas adapté l'émotion qui s'impose aux circonstances de la situation réelle. Être misemotionnel serait synonyme d'être irrationnel. On peut juger facilement la rationalité d'un individu d'après la justesse de l'émotion qu'il manifeste dans une certaine catégorie de circonstances. Être joyeux et heureux lorsque les circonstances sont joyeuses et heureuses serait rationnel. Exprimer du chagrin sans raison suffisante dans le temps présent serait irrationnel.

Narconon : un programme de réhabilitation des drogués utilisant la technologie de L. Ron Hubbard. Il fut à l'origine développé dans la Prison d'État de l'Arizona par un détenu qui était lui-même un drogué depuis treize ans. Il mit en pratique les principes de base sur le mental contenus dans les livres de L. Ron Hubbard, et se guérit ainsi complètement et aida vingt autres détenus à en faire autant. *Narconon* signifie *non aux narcotiques,* et il y a à l'heure actuelle des centres Narconon dans plusieurs parties du monde. Dans le programme de Narconon, aucune drogue quelle qu'elle soit, n'est utilisée pour la désaccoutumance, et les effets courants qui sont habituellement rencontrés en se défaisant des drogues, tel que « le manque » sont le plus souvent ignorés.

niacinamide : un produit inventé pour éviter d'avoir les rougeurs.

niacine : une substance blanche, sans odeur et cristalline, que l'on trouve dans les protéines des aliments ou qui est préparée synthétiquement. C'est un composant de la vitamine B complexe. Voir également **vitamine B complexe** dans le glossaire.

novocaïne : (de cocaïne et novus nouveau). Nom commercial d'un anesthésique local administré par injection (dénomination commune : procaïne.)

oligo – éléments, oligo : tiré du grec oligos « petit, peu nombreux ». Trace de minéraux : les minéraux qui, en quantités minimes, sont requis pour le fonctionnement physiologique.

origination : des communications originées par la personne elle-même, la concernant. Exposition des idées qu'une personne a sur elle-même par elle-même.

PABA : une abréviation pour une vitamine nommée acide *p*ara-*a*mino-*b*enzoïque; importante lors du métabolisme de la protéine, dans la formation de la cellule de sang, dans la stimulation de la bactérie intestinale afin de produire l'acide folique et lors de l'utilisation de l'acide pantothénique.

panacée : remède universel, unique pour toutes les maladies. Ce qu'on croit capable de guérir tous les maux; formule par laquelle on prétend tout résoudre.

penthotal de sodium : une drogue de couleur jaune-blanc administrée par injections intraveineuses comme anesthésique général et hypnotique.

peroxide : hydrogène peroxyde; un liquide incolore employé en solution diluée pour décolorer ou comme antiseptique (eau oxygénée).

peyotl : drogue hallucinogène préparée à partir de boutons séchés de certains cactus du Mexique.

phénobarbital : poudre blanche cristalline utilisée comme sédatif et hypnotisant.

pilote : des essais ou tests expérimentaux ou préliminaires.

piste du temps : l'enregistrement consécutif d'images mentales qu'une personne accumule tout au long de sa vie. Voir également images mentales.

placenta : un organe qui se développe dans l'utérus pendant la grossesse et qui approvisionne le fœtus en éléments nutritifs.

point zéro : le point, sur la surface de la terre ou de la mer, directement en-dessous ou au-dessus de l'endroit où une bombe atomique ou d'hydrogène explose.

poly-insaturé : une variété de graisse ou d'huile qui (contrairement à celle d'animal ou de produits laitiers), ne provoque pas de cholestérol (une substance graisseuse qui durcit les artères) dans le sang.

polybrominated biphenyls ou PBB : En été 1973, les produits chimiques toxiques inflammables et à retardement furent accidentellement ajoutés à des stocks alimentaires dans le Michigan. Une étude approfondie effectuée par des chercheurs de l'École de Médecine Mount Sinai de New York City a indiqué que même cinq ans après l'accident, la population presque entière de l'état avait été contaminée par le polybrominated biphenyls ou PBB. L'incident complet de la contamination a été décrit en détail dans différentes publications. Parmi celles-ci on peut citer : *PPB : An American Tragedy,* par Erwin Chen, Prentice-Hall, 1979;

The Contamination Crisis in Michigan : Polybrominated Biphenyls, A Report From The Senate Special Investigation Committee, Michigan State Senate, July 1975.

prédisposition : disposition naturelle, aptitude à contacter certaines maladies, certains goûts, à recevoir certaines impressions, susceptibilités.

pressé à froid : produit par la pression uniquement, sans employer la chaleur.

pressentiment : avoir connaissance d'un évènement ou d'une situation du futur, plus particulièrement par des moyens extra sensoriels.

Procédés Objectifs : procédé de consultation qui aide la personne à regarder ou à placer son attention sur son environnement. *Objectif* fait allusion aux choses extérieures, pas les pensées ou les sentiments d'un individu. Le Procédé Objectif a trait à ce qui est réel et observable. Il demande à la personne de repérer ou de trouver quelque chose d'extérieur à elle-même. Les Procédés Objectifs aident la personne à se localiser dans son environnement, à établir avec celui-ci une communication directe, et mettent une personne dans le temps présent, ce qui est un facteur très important de la santé et de l'aptitude mentale et spirituelle.

procréation : créer ou engendrer (progéniture).

propagande : informations, idées ou rumeurs largement répandues et de façon délibérée pour aider ou nuire à une personne, un groupe, un mouvement, une institution, une nation, etc.

psychosomatique : *psycho* se réfère au mental et *somatique* se réfère au corps; le terme *psychosomatique* signifie que le mental rend le corps malade ou bien il se rapporte à des maladies qui ont été créées physiquement dans le corps à cause d'un dérangement mental.

Q-Tip : (marque déposée) une marque de tampon de coton employé principalement pour nettoyer un endroit précis ou pour appliquer des médicaments ou des cosmétiques.

rance : ayant un goût ou une odeur ignoble, déplaisant, éventé tel que par décomposition, et spécialement concernant les graisses et les huiles.

réacteurs nucléaires : appareils dans lesquels la réaction en chaîne de la fission atomique peut être amorcée, maintenue et contrôlée, pour générer de la chaleur ou pour produire des radiations utilisables.

retombées : la descente sur la terre de particules radioactives, après une explosion nucléaire ou un accident de réacteur; également les particules elles-mêmes de radioactivité.

restimulant : qui stimule à nouveau.

rouille : nom générique de maladies des végétaux provoquées par des champignons et caractérisées par des taches semblables à des taches de rouille sur les tiges et les feuilles.

sauna : bain de chaleur sèche et de vapeur, d'origine finlandaise. Établissement où l'on prend ces bains, aussi l'endroit en bois où ils sont pris.

schizophrénie : (psychiatrie) maladie mentale, désordre mental important caractérisé par une séparation des processus de la pensée et des émotions, un écart de réalité accompagné de fantasmes et d'hallucinations, d'un dédoublement de la personnalité, troubles moteurs (concernant les mouvements musculaires), comportement bizarre, etc. Le mot *schizophrénie* vient du Grec skhizein, fendre, et phrên, phrênos, pensée; qui signifie *esprit fendu*.

scorbut : maladie résultant d'une carence en acide ascorbique, (vitamine C) caractérisée par une faiblesse, anémie, lèvres gercées, hémorragies des muqueuses etc.

sédatif : drogues destinées à amoindrir l'excitation, la nervosité ou l'irritation.

sélénium : une trace minérale (oligo) qui aide à maintenir les muscles en bonne santé et qui protège les cellules contre l'intoxication et qui stimule la fabrication des anticorps.

somatique : douleurs physiques et inconforts de toutes sortes. Le mot *somatique* signifie, en réalité, corporel ou physique. Du fait que le mot *douleur* a créé dans le passé une confusion entre douleur physique et douleur mentale, le mot *somatique* est le terme employé pour indiquer une douleur physique ou un inconfort.

sommeil : dans un état de repos ou d'inactivité; non opérant.

Superviseur de Cas pour le Progrmme : la personne qui a la responsabilité de surveiller la délivrance et de s'assurer de l'application correcte et exacte de tous les aspects du programme de Purification pour les *cas* individuels par chaque participant.

symptôme de désaccoutumance : les symptômes variés, tels que, un afflux de transpiration, des nausées, etc., produits sur une personne qui est toxicomane lorsqu'elle se défait de cette drogue.

tandem : une relation existante entre deux personnes ou deux choses impliquant une action en coopération, une mutuelle dépendance, etc.

tendon : organe conjonctif fibreux, blanc nacré, qui prolonge un muscle jusqu'à ses points d'insertion sur les os ou autres parties.

temps présent : le temps qui est maintenant, plutôt que dans le passé. C'est un terme librement employé pour l'environnement existant dans le présent. Une personne dont on dit qu'elle est « hors du temps présent » serait quelqu'un dont l'attention est fixée sur les évènements du passé, dans la mesure où il n'est pas complètement conscient ou en communication avec son environnement réel du présent.

Thaïlande : un royaume en Asie du Sud Est autrefois appelé le Siam.

tranquillisant : drogue ayant un pouvoir sédatif ou calmant sans entraîner le sommeil.

traumatisant : détresse; trouble émotionnel.

univers physique : l'univers matériel, lequel se compose de matière, d'énergie, d'espace et de temps.

urticaire : irruption cutanée ressemblant à des piqûres d'orties, qui est souvent une réaction allergique de l'organisme à certains aliments. (Fraises, oeufs, crustacés, etc.)

utérus : organe de la gestation chez la femme et chez les femelles des animaux supérieurs.

Valium : marque de fabrique d'une drogue appelée diazepam. Tranquillisant qui détend les muscles et empêche ou arrête les convulsions. Il est prescrit fréquemment par les médecins ou les psychiatres pour « soulager » de l'anxiété ou de la tension.

Vietnam : une région du Sud Asiatique, divisée entre le Nord

Vietnam et le Sud Vietnam durant la Guerre du Vietnam, mais réunifiée de nos jours.

viral : relatif à un virus et spécialement à un virus filtrant; la grippe est une affection virale.

virus : microbe responsable des maladies contagieuses.

vitamine A : une vitamine importante pour la croissance des os, la santé de la peau, la fonction sexuelle et la reproduction.

vitamine B_1 : une vitamine qui est appelée également thiamine, importante pour l'organisme pour les fonctions d'oxydation des cellules (respiration), croissance, hydrate de carbone du métabolisme, stimulation et transmission des impulsions nerveuses, etc.

vitamine B_2 : aussi appelée riboflavine, une vitamine importante dans le métabolisme de la protéine et pour la peau, la santé du foie et des yeux. Présente dans les céréales, les légumes, la levure de bière et actuellement obtenue par synthèse.

vitamine B_6 : une vitamine, aussi appelée pyridoxine, importante substance protéique qui facilite la réaction bio-chimique, de l'hydrate de carbone et pour le métabolisme des graisses et la production d'hormones (l'adrénaline et l'insuline) et la production d'anticorps.

vitamine B_{12} : une vitamine pour la formation des globules rouges du sang, l'équilibre du système nerveux, la croissance normale, le métabolisme de l'hydrate de carbone, et la fécondité.

vitamine B complexe : un groupe important de vitamines solubles dans l'eau que l'on trouve dans le foie, la levure, etc., comprenant les vitamines B_1, B_2 et la niacine.

vitamine C : aussi appelée acide ascorbique; sans couleur, une vitamine qui est soluble dans l'eau et qui se trouve dans de nombreux aliments, spécialement dans les fruits, citrons, légumes, fruits du rosier ou de l'églantier sauvage, et également réalisée synthétiquement. Elle est spécialement requise en nutrition pour le métabolisme.

vitamine D : une vitamine qui est importante pour la croissance et la santé des os, dans le métabolisme du calcium, la santé du système nerveux et la régulation des battements du coeur.

vitamine E : une vitamine importante, qui empêche l'oxygène de se combiner avec les déchets, ce qui forme autrement les composants toxiques; excellente pour les globules rouges.

voyages : l'état particulier qui résulte de l'absorption de substances hallucinogènes par une personne. Expériences ou périodes d'euphorie, hallucination, etc.

Index

Bibliographie
Autres Livres de L. Ron Hubbard

Les Livres de Base de la Scientologie

Les assortiments de Livres de Base de la Scientologie contiennent la connaissance dont vous avez besoin pour être capable d'améliorer les conditions de l'existence. Ces livres sont disponibles individuellement ou selon un assortiment complet inséré dans un luxueux coffret.

Scientologie : Les Fondements de la Pensée • Améliorez la vie *et* réalisez un meilleur monde avec ce livre qui est facile à lire et qui décrit les vérités fondamentales de la vie et de la pensée. Une telle connaissance n'a jamais existé auparavant et aucun des résultats qui peuvent être obtenus grâce à cette connaissance, n'ont jamais été obtenus avant cela. Uniquement avec ce livre vous pourriez avoir l'impression d'accomplir des miracles en changeant l'état de santé, l'aptitude et l'intelligence des gens. C'est, en fait, comment la vie fonctionne, comment vous changez pour le mieux, les hommes, les femmes et les enfants et comment obtenir une plus grande liberté personnelle.

Scientologie : Une Nouvelle Optique sur la Vie • Ne vous êtes-vous jamais demandé : Qui suis-je ? Ce livre contient des articles de L. Ron Hubbard qui répondent à l'ensemble de ces questions générales. Ce sont des connaissances que l'on peut utiliser quotidiennement - pour une meilleure confiance et une optique sur la vie qui soit plus agréable !

Les Problèmes du Travail • Le travail joue un grand rôle dans la vie. Éprouvez-vous vraiment du plaisir à faire votre travail ? Avez-vous la certitude que votre travail vous est assuré ? Aimeriez-vous éprouver une plus grande satisfaction personnelle dans l'accomplissement de votre travail ? Ce livre décrit exactement comment réaliser ces choses et bien davantage. Le jeu de la vie — et avec elle, le jeu du Travail peut en valoir la peine.

Scientologie 0-8 : Le Livre des Fondements • Qu'est-ce que la vie ? Saviez-vous qu'une personne peut créer l'espace l'énergie et le temps ? Voici les fondements de la vie, et les secrets pour maîtriser tous les domaines de votre vie. Découvrez comment vous pouvez utiliser les textes de ce livre pour atteindre vos objectifs.

Le dictionnaire de Base de la Dianétique et de la Scientologie • Ce livret est très utile si vous lisez fréquemment des livres de Scientologie. Vous y trouverez les termes les plus couramment utilisés par ceux qui apprennent la technologie de la Dianétique et de la Scientologie. Vous y trouverez également un *cadeau spécial*, un tableau des organisations de Scientologie, qui est facile à lire et qui vous indique qui contacter, à votre Église de Scientologie la plus proche, pour des services ou pour avoir plus d'information.

Les Livres de Base de Dianétique

L'assortiment des Livres de Base de Dianétique guidera votre entrée dans l'intimité du mental humain en vous expliquant son fonctionnement. Vous pouvez obtenir ces livres individuellement ou selon un assortiment complet inséré dans un luxueux coffret.

La Dianétique : La Puissance de la Pensée sur le Corps • Reconnu comme étant le livre de perfectionnement individuel le plus efficace, jamais édité. La technologie de la Dianétique a aidé des millions de gens à atteindre de nouveaux sommets de liberté et d'aptitude. Des millions de livres sont vendus chaque année ! Découvrez ce qui vous gêne mentalement, la raison qui vous empêche d'arriver à vos fins — et comment y remédier.

Les Dynamiques de la Vie • Franchissez les obstacles qui vous empêchent d'être heureux. C'est le premier livre dans lequel Ron décrit en détails les saisissants principes qui se trouvent derrière La Dianétique — les faits sont si puissants qu'ils peuvent changer à jamais votre potentiel et la manière dont vous vous regardez. Découvrez comment vous pouvez utiliser les principes de base contenus dans ce livre et pulvériser les barrières de votre mental en acquérant le contrôle complet de votre réussite, de votre avenir et de votre bonheur.

Self-Analyse • C'est un livre conçu pour celui qui veut améliorer ses aptitudes par lui-même. D'un usage simple et facile à comprendre, les techniques de Self-Analyse, vous permettent d'augmenter vos capacités intellectuelles et d'acquérir une plus grande confiance en vous-même en réduisant le stress.

La Dianétique : Évolution d'une Science • Il est reconnu que nous utilisons moins que le dix pour cent de notre potentiel intellectuel. Qu'est-ce qui arrête son développement et qui nous empêche d'utiliser la totalité de notre potentiel intellectuel ? La Dianétique : Évolution d'une Science de L. Ron Hubbard, décrit l'incroyable histoire de la découverte du mental réactif et explique comment l'auteur a développé les principes qui ont permis de dévoiler ses secrets. Procurez-vous ce livre qui décrit vraiment la composition du mental et comment vous pouvez libérer sont potentiel caché.

Assortiment de Livres pour OT[1]

Tous les livres suivants contiennent la connaissance d'un être spirituel qui est en relation avec cet univers et comment ses aptitudes à pouvoir réussir à opérer peuvent être réhabilitées. Vous pouvez obtenir tous ces livres individuellement ou selon un assortiment complet inséré dans un luxueux coffret.

Scientologie 8-80 • Quelles sont les lois de la vie ? Les lois physiques comme celle de la pesanteur par exemple, nous sont familières mais quelles sont les lois qui gouvernent la vie ainsi que la pensée ? L. Ron Hubbard répond aux énigmes de la vie et aux buts de cette dernière dans l'univers physique.

Scientologie : Une Histoire de l'Homme • Un regard sur l'évolution et l'histoire de la race humaine — ces conceptions révolutionnaires vous intrigueront certainement, elles défient bien des présomptions concernant la véritable puissance de l'homme, son potentiel et ses aptitudes.

Autres Livres de Scientologie

Introduction à l'Éthique de Scientologie • Une connaissance complète de l'éthique est vitale lorsqu'une personne veut réussir dans la vie. Sans connaître ni appliquer les informations contenues dans ce livre, la réussite n'est uniquement qu'une question de veine ou de chance. Ce qui fait qu'on ne s'attend pas à grand chose. Ce livre contient les réponses aux questions du genre : « Comment faire pour savoir si une décision est juste

1. OT : Abréviation de Thétan Opérant, un état d'existence. C'est un être qui « maîtrise la matière, l'énergie, l'espace, le temps, les formes et la vie ». *Opérant* vient de « qui est capable d'opérer sans dépendre des choses », et *Thétan* est la lettre grecque thêta θ que les Grecs utilisaient pour signifier la *pensée* ou peut-être *l'esprit*, à laquelle on ajoute un n pour en faire un nom selon le style moderne dans le génie civil. Il est également θ^n ou « thêta au n*ième* degré, c'est-à-dire illimité ou immense.

ou fausse ? Comment puis-je prédire l'amélioration des choses autour de moi ? La puissante technologie de l'éthique de L. Ron Hubbard vous offre le moyen de prolonger votre survie.

Avez-vous Vécu Avant cette Vie ? • Ce livre souleva l'intérêt au sujet de la vieille question si embarrassante : l'homme n'a-t-il qu'une seule vie ? La réponse demeura mystérieuse jusqu'à l'époque où les recherches de L. Ron Hubbard et ses travaux permirent de dévoiler enfin la vérité. Ce livre expose des faits réels de gens qui grâce à l'auditing, se souviennent de leurs vies passées.

« Je suis toujours très content de recevoir des nouvelles de mes lecteurs ».

L. Ron Hubbard

Ce sont les mots de L. Ron Hubbard qui était toujours intéressé par le fait d'avoir des nouvelles de ses amis, lecteurs et fans. Il mettait un point d'honneur à rester en communication avec tous ceux qui furent en contact avec lui pendant sa carrière d'écrivain professionnel, qui s'étala sur plus de cinquante ans. Il avait aussi des milliers de fans et d'amis avec lesquels il correspondait à travers le monde.

Les éditeurs des oeuvres littéraires de L.Ron Hubbard aimeraient préserver cette tradition et apprécieraient vos lettres et vos commentaires, que vous soyez un vieux ou un nouveau lecteur.

Le représentant de l'auteur à NEW ERA Publications France, répondra promptement à tous les messages qui lui seront adressés.

Représentant de l'auteur
NEW ERA Publications France
111, Bld de Magenta
75010 PARIS

Adresses des Églises et Organisations de Scientologie

France

Angers
Église de Scientologie d'Angers
10-12, rue Max Richard
49000 Angers

Clermont-Ferrand
Église de Scientologie
de Clermont-Ferrand
2, petite rue Giscard
de la Tour Fondue
63000 Clermont-Ferrand

Lyon
Église de Scientologie de Lyon
3, Place des Capucins
69001 Lyon Terreaux

Paris
Église de Scientologie de Paris
65, rue de Dunkerque
75009 Paris

St Étienne
Église de Scientologie de
St-Étienne
24, rue Marengo
42000 St-Etienne

Suisse

Bâle
Scientology-Kirche Basel
Herrengrabenweg 56
4054 Basel

Berne
Scientology-Kirche Bern
Schulhausgasse 12
3113 Rubigen
3001 Bern

Genève
Église de Scientologie
de Genève
9 Route de Saint-Julien
1227 Carouge
Genève

Lausanne
Église de Scientologie
10, rue de la Madeleine
1003 Lausanne

Zurich
Scientology-Kirche
Badenerstrasse. 294
CH-8004 Zürich

Belgique

Bruxelles
Église de Scientologie
45/a, rue de l'Ecuyer
1000 Bruxelles

Italie

Brescia
Chiesa di Scientology
Dei Tre Laghi
Via Fratelli Bronzetti, 20
25125 Brescia

Milan

Chiesa Continentale
di Scientology di Milano
Via Abetone, 10
20137 Milano

Monza

Chiesa di Scientology
della Brianza
Via Cavour, 5
20052 Monza

Novare

Chiesa di Scientology
di Novara
Corso Cavallotti, 7
28069 Novara

Nuoro

Chiesa di Scientology
della Sardegna
Via G. Deledda,43
08100 Nuoro

Padoue

Chiesa di Scientology
di Padova
Via Mameli 1/5
35131 Padova

Pordenone

Chiesa di Scientology
di Pordenone
Via Montereale, 10/c
33170 Pordenone

Rome

Chiesa di Scientology
di Roma e Mediterraneo
Via di S. Vito, 11
00185 Roma

Turin

Chiesa di Scientology
di Torino
Via Guarini, 4
10121 Torino

Vérone

Chiesa di Scientology
di Verona
Vicolo Chiodo, 4/A
37121 Verona

Autriche

Vienne

Scientology-Kirche österreich
Schottenfeldgasse 13-15
1070 Wien

Danemark

Aarhus

Scientology Kirken Jylland
Guldsmedegade 17,2
8000 Aarhus C Denmark

Copenhague

Advanced Organization
AOSH EU & AF
Jernbanegade 6
1608 København V

Scientology Kirken Danmark
Vesterbrogade 66
1620 København V

Scientology Kirken København
Store Kongensgade 55
1264 København K

Allemagne

Hambourg

Scientology-Kirche Hamburg
Steindamm 63
2000 Hamburg 1

Berlin

Scientology-Kirche Berlin e.V.
Sponholzstraße 51-52
1000 Berlin 41

Dusseldorf

Scientology-Kirche Düsseldorf
Grupellostr. 28
4000 Düsseldorf 1

Francfort

Scientology-Kirche Frankfurt
Darmstädter Landstr. 213
6000 Frankfurt/Main 70

Hannover

Scientology-Kirche Bayern
Hubertusstrasse 2
D-3000 Hannover 1,

Munich
Scientology-Kirche Bayern
Beichstraße 12
8000 München 40

Stuttgart
Scientology-Kirche
Hirschstrasse 27
7000 Stuttgart 1

Hollande

Amsterdam
Scientology Kerk Amsterdam
Nieuwe Zijds Voorburgwal 271
1012 RL Amsterdam

Norvège

Oslo
Dianetikk Senteret Oslo
Storgata 9
0155 Oslo 1

Portugal

Lisbonne
Instituto de Dianetica
Rua Actor Taborda N° 39-4°
1000 Lisboa

Royaume-Uni

Birmingham
Church of Scientology
Birmingham
60-62 Constitution Hill
Birmingham B19 3JT

Brighton
*Dianetics*M.D. Information Centre
Dukes Arcade
Dukes Street
Brighton
East Sussex

East Grinstead
*Hubbard*M.D. College of
Scientology Advanced
Organization - Saint Hill
United Kingdom (AOSH UK)
Saint Hill Manor
East Grinstead
Sussex RH19 4JY

Saint Hill Foundation
Saint Hill Manor
East Grinstead
Sussex RH19 4JY

Edimbourg
Hubbard Academy of Personal
Independence
Fleet House
20 South Bridge
Edinburgh EH1 1LL
Scotland

Londres
Hubbard Scientology
Organization London
68 Tottenham Court Road
London W1P 0BB

Manchester
Hubbard Scientology
Organization Manchester
258/260 Deansgate
Manchester M3 4BG

Plymouth
Hubbard Scientology
Organization Plymouth
41 Ebrington Street
Plymouth
Devon PL4 9AA

Sunderland
Church of Scientology
Sunderland
51 Fawcett St.
Sunderland SR1 1RS

Espagne

Barcelone
Asociación Civil de Dianética
c/Pau claris 85, Pral.1a
08010 Barcelona

Madrid
Asociación Civil de Dianética
c/Montera, 20, Piso 1° DCHA
28013 Madrid

Suède

Göteborg
Scientology kyrkan Göteborg
Odinsgatan 8
411 03 Göteborg

Malmö
Scientology kyrkan Malmö
Simrishamnsgatan 10
21423 Malmö

Stockholm
Scientology kyrkan Stockholm
Kammakargatan 46
111 60 Stockholm

Israël

Tel Aviv
Scientology & Dianetics
College
7 Salomon Street
Tel Aviv 66023

Afrique

Zimbabwe

Bulawayo
Church of Scientology
74 Abercorn Street
Bulawayo

Harare
Church of Scientology Harare
1st floor State Lottery Building
PO Box 3524
Corner Julius Nyrere/Speke Avenue
Harare

Afrique du Sud

Cape Town
Church of Scientology
Cape Town
5, Beckham Street Gardens
Cape Town 8001

Durban
Church of Scientology Durban
57 College Lane
Durban 4001

Johannesburg
Church of Scientology
Johannesburg
2nd Floor Security Building
95 Commissioner Street
Johannesburg 2001

Church of Scientology Yeoville
101 Huntford Building
40 Hunter Street
Hunter & Frontesque Roads
Yeoville 2198

Port Elizabeth
Church of Scientology
Port Elizabeth
2 St. Christopher's Place
27 Westbourne Road
Port Elizabeth 6001

Pretoria
Church of Scientology
1st Floor City Centre
272 Pretorius Street
Pretoria 0002

Australie — Nouvelle Zélande — Océanie

Australie

Adelaide
Church of Scientology
Adelaide
24 Waymouth Street
Adelaide 5000

Brisbane
Church of Scientology
106 Edward Street
Brisbane 4000
Queensland

Canberra
Church of Scientology A.C.T.
108 Bunda Street
Suite 16
Canberra Civic
A.C.T. 2601

Melbourne
Church of Scientology Melbourne
44 Russell Street
Melbourne
Victoria 3000

Perth
Church of Scientology Perth
39-41 King Street
Perth 6000

Sydney
Church of Scientology
201 Castlereagh Street
Sydney NSW 2000
Australia

Church of Scientology
Advanced Organization
AOSH ANZO
19-37 Greek Street
Glebe, New South Wales 2037
Australia

Nouvelle Zélande

Auckland

Church of Scientology Auckland
32 Lorne Street
Auckland 1

Japon

Tokio

Dianetics Organization Tokyo
101 Toyomi Nishi Gotanda Heights
2-13-5 Nishi Gotanda
Shinagawa-Ku
Tokyo, Japan 141

Canada

Edmonton

Church of Scientology
of Alberta
10349, 82nd Avenue
Edmonton, Alberta
Canada T6E 1Z9

Kitchener

Church of Scientology
of Kitchener
8, Water Street North
Kitchener, Ontario
Canada N2H 5A5

Montréal

Église de Scientologie
de Montréal
4489, rue Papineau
Montréal, Québec
Canada H2H 1T7

Ottawa

Church of Scientology
of Ottawa
150 Ridweau Street,
2nd floor
Ottawa, Ontario
Canada K2P 0Y8

Québec

Église de Scientologie
350 Blvd Charest Est
Québec, Canada

Toronto

Church of Scientology
of Toronto
696 Yonge Street
Toronto, Ontario
Canada M4Y 2A7

Vancouver

Church of Scientology
of British Columbia
401 West Hastings Street
Vancouver, B.C.
Canada V6B 1L5

Winnipeg

Church of Scientology
Winnipeg
Suite 125-388 Donald St.
Winnipeg, Manitoba
Canada RBB 2J4

États-Unis d'Amérique

Albuquerque

Church of Scientology
of New Mexico
8106 Menaul Blvd. N.E.
Albuquerque, New Mexico 87110

Ann Arbor

Church of Scientology Ann Arbor
301 North Ingalls Street
Ann Arbor, Michigan 48104

Atlanta

Church of Scientology Atalanta
2632 Piedmont Rd. N.E.
Atlanta, Georgia

Austin

Church of Scientology of Texas
2200 Guadelupe
Austin, Texas 78705

Boston

Church of Scientology of Boston
448 Beacon Street
Boston, Massachusetts 02115-1099

Buffalo
Church of Scientology Buffalo
47 West Huron Street
Buffalo, New York 14202

Chicago
Church of Scientology
3011 North Lincoln Avenue
Chicago, Illinois 60657

Cincinnati
Church of Scientology of Ohio
215 West 4th Street, 5th floor
Cincinnati, Ohio 45202-2625

Columbus
Church of Scientology
of Central Ohio
167 East State Street
Columbus, Ohio 43215

Denver
Church of Scientology
of Colorado
375 South Navajo Street
Denver, Colorado 80223

Detroit
Church of Scientology
of Michigan, 321 Williams Street
Royal Oak, Michigan 48067

Honolulu
Church of Scientology
of Hawaii
1 n. King Street, Lower Level
Honolulu, Hawaii 96813,

Kansas City
Church of Scientology
of Kansas City
3619 Broadway,
Kansas City, Missouri 64111

Las Vegas
Church of Scientology
of Nevada
846 East Sahara Avenue
Las Vegas, Nevada 89104

Long Island
Church of Scientology
of Long Island
330 Fulton Avenue
Hempstead, New York 11550

Los Angeles
Church of Scientology
Orange County
1451 Irvine Boulevard
Tustin, California 92680

Church of Scientology
of California
Advanced Organization
of Los Angeles
1306 North Berendo Street
Los Angeles, California 90027

Church of Scientology
American Saint Hill Organization
1413 North Berendo Street
Los Angeles, California 90027

Church of Scientology
of Los Angeles
4810 Sunset Boulevard
Los Angeles, California 90027

Church of Scientology
263 East Colorado Boulevard
Pasadena, California 91101

Church of Scietology
San Fernando Valley
10335 Magnolia Boulevard
North Hollywood, California 94102

Miami
Church of Scientology
of Florida
120 Giralda Avenue
Coral Gables, Florida 33134

Minneapolis
Church of Scientology
of Minnesota
3019 Minnehaha Avenue
Minneapolis, Minesota 55406-1931

New Haven
Church of Scientology
of New Haven
909 Whalley Avenue
New Haven, Connecticut 06515

New York City
Church of Scientology
New York
227 West 46th Street
New York City, New York 10036

Orlando
Church of Scientology
of Orlando
710A East Colonial Drive
Orlando, Florida 32803

Philadelphia
Church of Scientology
of Pennsylvania
1315 Race Street
Philadelphia, Pennsylvania 19107

Phoenix
Church of Scientology
of Arizona
4450 N.Central Avenue, no.102
Phoenix, Arizona 85012

Portland
Church of Scientology
of Portland
323 SW Washington
Portland, Oregon 97204

Sacramento
Church of Scientology
of Sacramento
825 15th Street
Sacramento, California 95814-2096

San Diego
Church of Scientology
of San Diego
701 "C" Street
San Diego, California 92101

San Francisco
Church of Scientology
San Francisco
83 McAllister Street
San Francisco, California 94102

San Josè
Church of Scientology
San Jose
80 E. Rosemary
San Jose, California 95112

Santa Barbara
Church of Scientology
Santa Barbara
524 State Street
Santa Barbara, California 93101

Seattle
Church of Scientology
2603 3rd Street
Seattle, Washington 98121

St. Louis
Church of Scientology
9510 Page Boulevard
St. Louis, Missouri 63132

Tampa
Church of Scientology
Flag Service Organization
210 South Fort Harrison Avenue
Clearwater, Florida 34616

Church of Scientology
of Tampa
4809 N. Armenia Avenue,
Suite 215
Tampa, Florida 33603

Washington D.C.
Founding Church of Scientology
of Washington D.C.
2125 "S" Street, N.W.
Washington D.C. 20008

Amérique Latine

Colombie

Bogota
Centro Cultural de Dianética
Carrera 19 No. 39-55
Apartado Aereo 92419
Bogotá, D.E. Colombia

Mexique

Etat du Mexique
Instituto Tecnológico
de Dianética A.C
Londres 38, 5th floor
Col. Juarez
Mèxico D.F.

Guadalajara
Organización Cultural
de Dianética
de Guadalajara A.C.
Av. Adolfo López Mateos Nte. 329
Sector Hidalgo
Guadalajara, Jalisco

Mexico

Associación Cultural
Dianética A.C.
Hermes N° 46
Col. Florida
C.P. 03940

Centre Culturel
Latinoamericano A.C.
Durango 105
Col. Roma
C.P. 06700

Instituto de Filosofía
Aplicada A.C.
Durando 105
Colonia Roma
C.P. 06700

Organización Desarollo
y Dianética A.C.
Providencia 1000
Col. del Valle
C.P. 03100

Centro Cultural de
Dianética A.C.
Insurgentes sur 536 1er Piso
Col. Roma Sur
C.P. 06760

Venezuela

Valencia

Asociación Cultural Dianética
de Venezuela A.C.
Urbanizacion La Alegria
Ave. 101 N° 150-23
Apartado Postal 833
Valencia

CENTRES DE CÉLÉBRITÉS

*Celebrity Centre*M.D. Paris
69, rue Legendre
75017 Paris

Celebrity Centre Hamburg
Mönckebergstr. 5/IV
2000 Hamburg 1

Celebrity Centre Düsseldorf
Grupellostr. 28
4000 Düsseldorf

Celebrity Centre München
Hirschgartenallee 16 a
8000 München 19

Scientology-Kirche
Celebrity Centre Wien
Senefeldergasse 11/5
1100 Wien, Austria

Celebrity Centre London
27 Westbourne Grove
London W2

Celebrity Centre International
5930 Franklin Avenue
Hollywood, California 90028

Celebrity Centre of Toronto
696 Yonge Street, Suite 502
Toronto, Canada

Celebrity Centre Las Vegas
1100 South 10th Street
Las Vegas, Nevada 89104-1505

Celebrity Centre New York
65 East 82nd Street
New York, N.Y. 10028

Celebrity Centre Portland
709 South West Salmon Street
Portland, Oregon 97205

Celebrity Centre Montréal
1705, Rue St. Denis
Montréal, Québec
Canada H2X 3K4

Si les livres ou les bandes enregistrées que vous souhaitez acquérir ne sont pas disponibles à votre Organisation de Scientologie, contactez un des éditeurs suivants:

NEW ERA Publications France E.U.R.L.
111, Boulevard de Magenta
75010 Paris
France

NEW ERA Publications
International ApS
Store Kongensgade 55
1264 København K
Danemark

NEW ERA Publications Italia Srl
Via L.G. Columella, 12
20128 Milano
Italie

Nueva Era Dinámica, S.A.
c/ De la Paz, 4/1° dcha
28012 Madrid
Espagne

Era Dinámica Editores, S.A. de C.V.
Nicolas San Juan No. 208
Col. del Valle
03020 Méxique, D.F.

NEW ERA Publications UK Ltd.
78 Holmethorpe Avenue
Redhill, Surrey RH1 2NL
Royaume-Uni

Continental Publications Pty. Ltd
P.O. Box 27080
Benrose
Transvaal 2011
Afrique du Sud

NEW ERA Publications Deutschland
GmbH
Otto Hahn-Straße 25
6072 Dreieich 1
Allemagne

N.E. Publications Pty. Ltd.
2 Verona Street
Paddington, New South Wales 2021
Australie

NEW ERA Publications Japan, Inc.
5-4-5-803 Nishigotanda
Shinagawa-Ku
Tokyo, Japon 141

Continental Publications
Liaison Office
696 Yonge Street
Toronto, Ontario
Canada M4Y 2A7

Bridge Publications, Inc.
4751 Fountain Avenue
Los Angeles, California 90029
États-Unis d'Amérique